Jan Kalbitzer

Digitale Paranoia

Online bleiben, ohne den
Verstand zu verlieren

Mit 12 Illustrationen
von Katharina Grossmann-Hensel

C.H.Beck

Originalausgabe

© Verlag C.H.Beck oHG, München 2016
Satz, Druck und Bindung: Druckerei C.H.Beck, Nördlingen
Umschlaggestaltung: Geviert, Grafik & Typografie, Christian Otto,
unter Verwendung von Motiven von shutterstock
Umschlagabbildung hinten: Katharina Grossmann-Hensel
Printed in Germany
ISBN 978 3 406 69791 3

www.chbeck.de

Für Luise
die liebevoll erträgt, dass ich fast alles an mir selbst
ausprobieren muss, bevor ich es verstehe

di|gi|ta|le Pa|ra|noia, die

digital
Psychologie/Medizin, populärwissenschaftlich
im Zusammenhang mit dem Internet ste-
hend, von englisch *digit* = Ziffer, Stelle (in
der Anzeige eines elektronischen Geräts), ursprünglich von lateinisch *digitus* = Finger,
Zehe (zur Bedeutung «Ziffer» wahrscheinlich
über das Zählen mit den Fingern).

Paranoia
umgangssprachlich irrationale Angst oder
Überzeugung, von griechisch *pará* = neben
und *noũs* = Verstand.

Ein übermäßiges Misstrauen
gegenüber dem Internet

Inhalt

1. Wie das Internet mein Leben verändert hat 9

2. Das langsame Erwachen 35

3. Online – wo ist das? 55
   Experiment 1: Was ist anders an der Zeit im
               Internet?   63
   Experiment 2: Wiedereinführung räumlicher
               Grenzen   75
   Experiment 3: «Kulturbotschafter» im Internet   83
   Experiment 4: Ihr digitales Alter Ego   91

4. Klug handeln in einer unbekannten Welt 95
   Experiment 5: Folgen Sie Ihren Kindern   105
   Experiment 6: Finden Sie Flow im Internet   117
   Experiment 7: Das Kathrin-Passig-Experiment   125

5. Digitale Paranoia – und wie man mit ihr umgeht . . 129
   Experiment 8: Therapie der digitalen Paranoia   137
   Experiment 9: Tun Sie etwas ...   153

6. Lassen Sie sich nicht verrückt machen **157**

Experiment 10: Machen Sie jemanden einen Tag
lang glücklich und beobachten Sie
sein Internetverhalten   171

Experiment 11: Verortung in sozialen Beziehungen   183

Experiment 12: Werden Sie Teil einer Gruppe, die
das Internet der Zukunft gestaltet
(oder gründen Sie eine)   193

7. Was wird aus uns werden? **197**

Anhang

Zitierte Texte, Videos und wissenschaftliche
Literatur **203**

1. Wie das Internet mein Leben verändert hat

Das Internet ist allgegenwärtig. Mit dem Internet informieren wir uns, wir kommunizieren über das Internet, und wir synchronisieren unser Leben miteinander. Es gibt kaum noch Menschen, die das nicht tun, für die meisten ist es völlig selbstverständlich. So selbstverständlich, als sei das Internet immer schon da gewesen. Und trotzdem bleibt es uns irgendwie fremd. Diese Technik hat ihren Weg so rasant in unseren Alltag gefunden, dass unser Verhältnis zu ihr bislang ungeklärt geblieben ist. Und ungeklärte Verhältnisse führen zu Problemen; fragen Sie Ihren Psychiater oder Psychotherapeuten.

Mit Mitte dreißig fühle ich mich gerade noch eher jung. Nur wenn ich über das Internet nachdenke, habe ich das Gefühl, schon sehr alt zu sein. In meiner Kindheit gab es (für die Allgemeinheit) kein Internet. Meine erste E-Mail-Adresse legte ich mir Ende der 1990er Jahre zu. Um die Jahrtausendwende hatte ich den ersten Computer mit eigenem Internetzugang in meinem Zimmer. Das war vor funfzehn Jahren. Innerhalb dieser Zeitspanne hat das Internet mein Leben grundlegend verändert. Und nicht nur meins. Ich kenne niemanden, den es nicht verändert hat.

Zunächst war die westliche Gesellschaft – was das Internet anbelangt – noch in zwei große Gruppen unterteilt: die Enthusiasten und diejenigen, denen es egal oder suspekt war. Aber selbst wenn Sie zu der zweiten Gruppe gehören, besitzen Sie mittlerweile mit ziemlicher Sicherheit ein Smartphone oder werden sich bald eins anschaffen. Und wenn Sie eins haben, dann empfangen Sie darauf wahrscheinlich auch regelmäßig arbeitsrelevante E-Mails, wie wir alle mittlerweile. Wir spüren, dass uns diese Entwicklung verändert hat. Und nicht wenige beobachten diese Entwicklung mit Sorge.

Es soll nicht verleugnet werden, dass ein Teil unserer Sorgen, wie wir seit einigen Jahren wissen, berechtigt sind. Für viele Firmen etwa, deren Angebote wir im Internet nutzen, zählt die Maximierung ihres Wissens über unser (Kauf-)Verhalten alles und unsere Privatsphäre wenig bis gar nichts. Es gibt immer noch wenige Gesetze, die uns schützen, und selbst diese werden oft nicht eingehalten. Die Geheimdienste einiger Staaten scheinen zudem durch das Internet nahezu unbegrenzten Zugang auf alle Daten zu haben, die sich in irgendeiner Form über uns sammeln lassen, und sie versuchen, daraus ein Risikoprofil zu erstellen, um potentielle «Feinde» schneller erkennen und besser überwachen zu können. Wir wissen mittlerweile auch, dass selbst in den freien westlichen Gesellschaften jeder in ihr Visier geraten kann, auch Sie und ich. Und sei es, weil der Nachbar auf unserer letzten Party ein Foto von unserem Wohnzimmer gemacht und auf Facebook gepostet hat — inklusive der Fotowand, auf der wir auf einem Bild als Jugendliche mit Palästinensertuch zu sehen sind.

Aber auch jenseits dieser offenkundigen Bedrohungen behagt vielen die aktuelle Entwicklung nicht. Es ist nicht nur die Tatsache, dass wir ständig erreichbar sind — wir erleben auch einen generellen Verlust von zeitlichen und räumlichen Strukturen. Früher war unser Tag unterteilt durch feste Termine, durch eine räumliche Trennung zwischen Arbeitsplatz und Zuhause, durch ein klar strukturiertes Fernsehprogramm und Mitteilungen, die zu bestimmten Zeiten mit der Post kamen oder auf dem Anrufbeantworter auf unsere Rückkehr nach Hause warteten. Mittlerweile erfahren wir alles an jedem Ort und können arbeiten oder auf Informationen zugreifen, wann immer wir wollen. Wobei «wollen» nicht der richtige Ausdruck ist. Wissen wir eigentlich, was genau wir tun wollen? Oder tun wir vieles einfach, ohne genauer zu wissen, warum wir uns so verhalten? Es fällt den meisten von uns offenkundig schwer, die früher (also in der analogen Welt) von außen auferlegten Strukturen nun (im digitalen Zeitalter) durch eigene, innere Strukturen zu ersetzen. Vielen Menschen, die mit mir sprechen, gelingt dies zunächst nicht. Sie beschreiben das Gefühl, vom Internet «eingesaugt» zu werden bzw. darin zu «versacken».

Wie verändert uns diese Entwicklung? Werden wir uns an sie gewöhnen und einen selbstverständlichen Umgang mit ihr pflegen? Oder bringt das Internet die Grundelemente unseres Daseins so sehr ins Wanken, dass wir erschöpfen und krank werden? Immer mehr Menschen, die zu mir kommen, stellen sich diese Fragen. Die Feuilletons der Zeitungen sind voll von Artikeln zu dem Thema.

Diese Auseinandersetzung und die damit verbundenen Sorgen sind im Prinzip nichts Schlechtes, sie helfen uns, uns zu schützen und auf schwierige Situationen vorzubereiten. Problematisch wird es dort, wo sich eine Sorge verselbständigt, irrational wird, uns beherrscht und davon abhält, wichtige Dinge anzugehen. In Bezug auf das Internet – wo es einerseits wirklich viel zu tun und andererseits viele Ängste gibt – hat sich in den letzten Jahren der Begriff der *digitalen Paranoia* entwickelt, den ich in diesem Buch nutzen will, um unser irrationales Verhältnis zum Internet aus der Perspektive eines Psychiaters zu beschreiben.

Als ordentlicher Psychiater muss ich jedoch eine Begriffsdefinition nachschieben: In diesem Buch wird der Begriff «Paranoia» zur Beschreibung irrationaler Ängste verwendet. Bei solchen irrationalen Ängsten sind sich Menschen bewusst, dass die Angst eigentlich nur teilweise berechtigt ist und sie ihre Sorgen unzulässig verallgemeinern. Dies ist die umgangssprachliche Bedeutung des Begriffs. Paranoia im psychiatrischen Sinn ist eine wahnhafte Überzeugung, etwa die Vorstellung, im Bett von Außerirdischen mit einem Laser bestrahlt und manipuliert zu werden. Andererseits: Wenn jemand sich im Internet von ausländischen Geheimdiensten beobachtet fühlt, hätten wir hier vor zehn Jahren sehr wahrscheinlich Wahnvorstellungen vermutet – heutzutage ist das normal. Wer aus Sorge, von ausländischen Geheimdiensten beobachtet zu werden, online keine Kochrezepte mehr sucht, gilt aber weiterhin als übermäßig ängstlich (jedoch nicht unbedingt als wahnhaft). Man könnte also sagen, dass Edward Snowden unser gesellschaftliches Verständnis internetbezogener Wahnvorstellungen grundlegend verändert hat.

Die Grenze zwischen irrationaler Angst und Wahn verläuft dort, wo die realistische Einschätzung von etwas nicht mehr richtig funktioniert. Solange wir noch die Position einnehmen können, dass wir unseren Gedanken zwar ausgeliefert sind, dass sie aber wahrscheinlich zumindest teilweise irrational sind, ist eher von einer Paranoia im umgangssprachlichen Sinne einer Angst auszugehen – zum Beispiel der Kollege, der das Gefühl hat, dass alle am Arbeitsplatz ihm etwas Böses wollen, der aber in einem ruhigen Gespräch durchaus dazu in der Lage ist, einzuräumen, dass er sich in eine nicht unbedingt der Wirklichkeit entsprechende Vorstellung hineingesteigert hat.

Kein Psychiater kann die Zukunft vorhersehen

Die Psychiater, die eigentlich auf unsere irrationalen Sorgen in Bezug auf das Internet eingehen sollten, schweigen zu diesem Thema. Nun, nicht alle Psychiater schweigen, es gibt einige unrühmliche Ausnahmen: Jede Gesellschaft im Umbruch hat ihre Untergangspropheten, die mit populistischen Szenarien Geschäfte machen. Die tun dann das

Gegenteil: sie verstärken die Sorgen noch. Wenn Beschwerden oder Krankheiten durch Ärzte verursacht werden, dann nennt man das «iatrogen». Ängste vor Krankheiten werden oft durch theatralisches Auftreten von Ärzten iatrogen verstärkt. Die digitale Paranoia ist insofern auch ein teilweise iatrogenes Problem.

Abgesehen von solchen populistischen Einlassungen gibt es kaum etwas von uns Psychiatern zu diesem Thema zu lesen. Denn kein seriöser Arzt oder Wissenschaftler kann zu diesem Zeitpunkt eine Antwort auf die Frage geben, ob uns das Internet dicker, dümmer oder depressiver macht. Ein wichtiger Grund dafür ist, dass man weder aus der Gegenwart noch aus der Vergangenheit die Zukunft vorhersagen kann. Aber wir können Muster in unserem Verhalten erkennen. Insbesondere, dass wir uns zwar an technische Entwicklungen gewöhnen, unser Verhältnis dazu aber trotzdem ungeklärt und irrational bleibt. Carl Benz, der Erfinder des Automobils (in dessen ehemaligem Wohnhaus ich im Verlauf dieses Buchs noch in eine unangenehme Situation geraten werde), wurde der Überlieferung nach auf seinen ersten Fahrten von aufgebrachten Bürgern mit Steinen beworfen. Heute sind Autos eine Selbstverständlichkeit, und nur die wenigsten haben Angst vor der Technologie Auto, obwohl ich von vielen Menschen weiß, die von Autos schwer verletzt und getötet wurden, wohingegen mir vergleichbare Fälle beim Internet nicht bekannt sind. Laut Statistik stellt Handy-Nutzung am Steuer ein neues Risiko im Straßenverkehr dar, aber auch hier geht aus meiner Sicht die Gefahr vom Auto (bzw. vom verantwortungslosen Nutzer) aus. Sicherlich sind Verkehrstote immer mal wieder ein Thema in den Medien, aber sie sind auch ein Stück weit Teil des Alltags geworden. Sogar trotz des Klimawandels, von dem wir wissen, dass er durch Autoabgase mit verursacht wird, fahren wir noch fast immer allein und fast immer in unnötig großen Autos durch Städte, in denen es ausreichend öffentlichen Nahverkehr gibt, der uns genauso gut von A nach B bringen könnte. Oder wir könnten Fahrrad fahren. Das wäre besser für unsere Gesundheit und für die Umwelt. Tun die meisten aber nicht.

Im Internet erleben wir Ähnliches. Wir teilen unsere privatesten Informationen, zum Beispiel über den Menstruationszyklus, Schwangerschaftswunsch oder Schlafstörungen, mit den ominösen Anbietern einer App, die gleich auch noch Zugriff auf unsere Kontakte und Fotos haben wollen – ohne uns genauer zu sagen, wofür. Und wir legen einen Großteil der Informationen über unser Leben in die Hand von Anbietern wie Facebook und übergeben ihnen gleich noch Nutzungsrechte für unsere Bilder. Warum eigentlich?

Wir können auch deshalb wenig über die Zukunft sagen, weil wir überhaupt nicht wissen, was an Entwicklungen noch alles auf uns zukommt. Wie wird es uns beispielsweise verändern, wenn 3-D Einzug ins allgemein verfügbare Internet hält und wir durch dreidimensionale Umgebungen navigieren, wenn wir womöglich sogar Berührungen spüren und uns riechen? Werden wir dann immer noch so handeln, wie wir es jetzt tun? Sehr anschaulich wird der Effekt der «Eintauchtiefe» bei einem kleinen Video im Internet, das Menschen zeigt, die offen über ihr Verhältnis zu Pornovideos sprechen und sich vor der Kamera mithilfe von 3-D-Brillen zum ersten Mal in ihrem Leben pornografische Virtual-Reality-Filme anschauen. Bereits in diesem kleinen «Experiment» zeigt sich, dass allein die Erweiterung der räumlichen Dimension unser Erleben im Internet völlig verändern kann. Vielleicht surfen wir ja auch bald während der Arbeit deutlich weniger im Internet, wenn regelmäßig ein Hologramm unseres Chefs auftaucht und uns zu mehr Leistung antreibt. Vielleicht verspüren wir dann kein Bedürfnis mehr, uns zu besuchen, weil wir keinen Unterschied mehr spüren zwischen direkten Umarmungen und Umarmungen über das Internet. Auch ich finde diese Perspektive irgendwie beunruhigend, wenngleich ich nicht genauer sagen kann, warum. Aber deutlich wird zumindest: Von dem ausgehend, was wir jetzt kennen und wissen, die Auswirkungen des Internets auf die Psyche vorherzusagen, ist vermessen.

Wenn wir die Zukunft schon nicht vorhersagen können, dann können wir jedoch zumindest dieses Wissen über unsere Irrationalität im Umgang mit Technik als Ausgangspunkt nehmen, um nachzudenken, wie wir die Zukunft gestalten wollen. Viele Probleme, mit denen sich dieses Buch beschäftigen wird, beruhen auf bisher unbekannten Nebenwirkungen grundsätzlich positiver Entwicklungen, wie der Möglichkeit zur ständigen Kommunikation mit Menschen rund um den Globus. Aber es gibt auch gravierendere Probleme, denen wir nicht so einfach Herr werden können. Es liegt wohl in der Natur des Menschen, der Büchse der Pandora nicht widerstehen zu können. Wo ein schneller Weg zu gesellschaftlicher Aufmerksamkeit, zu Macht oder Geld lockt, wird es immer Menschen geben, die ihren kurzfristigen Gewinn dem langfristig Sinnvollen vorziehen oder egoistisch auf den eigenen Vorteil bedacht sind und zum Nachteil der Gemeinschaft handeln. Viele der Probleme, die wir mit dem Internet haben, beruhen auf dieser Schwäche des Menschen. Und damit sind sie kein genuines Problem des Internets: Das Internet ist in dieser Hinsicht vielmehr wie ein neuer, fremder Kontinent, den wir angefangen haben zu besiedeln und auf dem einerseits immer noch ein starker Pioniergeist herrscht, andererseits aber auch eine gewisse Gesetzlosigkeit. Wir werden dort weitere Quellen großen Reichtums entdecken, deren unkontrollierte Ausbeutung zur Belastung der Gemeinschaft wird oder unsere Rechte auf Würde und Privatsphäre bedroht.

Mit einem psychiatrischen Blick auf die Welt des Digitalen will ich unserer digitalen Paranoia, unserem irrationalen Verhältnis zur Technik Internet, die Möglichkeit eines reflektierten Umgangs gegenüberstellen. Die Frage ist, mit welchen Hoffnungen wir uns auf den Weg in die Zukunft machen können, aber auch, gegen welche Gefahren wir uns wappnen sollten. Und grundsätzlich, welche Regeln wir für unseren Umgang miteinander brauchen, wenn wir uns gemeinsam in dieses Abenteuer begeben. Denn eines ist klar: In einer Welt ohne Internet bleiben können wir nicht mehr, die Reise hat bereits begonnen. Wenn aber die zur Zeit eher sorgenvolle Frage, ob uns das Internet krank oder verrückt macht, dazu führt, dass wir uns ernsthaft damit auseinandersetzen, wie wir in Zukunft zusammenleben wollen, dann bin ich insgesamt optimistisch.

Dazu müssen wir vernünftige Sorgen von digitaler Paranoia unterscheiden lernen. Und wir müssen uns darin üben, beide Seiten der Medaille zu sehen. Ein vernünftiger Psychiater oder Psychotherapeut tut das eigentlich immer. Wenn wir einem Menschen seine sämtlichen Probleme aufzählen und ihm dabei wenig Hoffnung machen, dann stehen die Chancen sehr schlecht, ihm damit bei der Gesundung zu helfen. Wir müssen zu jedem Problem immer auch den Grund für dessen Auftreten sehen und die darin enthaltenen Ressourcen. Ein einfaches Phänomen wie «Wut» ist dafür ein gutes Beispiel: sie kann anstrengend und verletzend sein, aber auch befreien und Entwicklungen anstoßen. Wenn sie nicht irgendeinen Sinn hätte, wäre sie nicht entstanden. Wir müssen uns vor den negativen Seiten schützen, können hingegen die positiven nutzen. Allerdings tun sich viele Menschen, insbesondere diejenigen, die unter einer digitalen Paranoia leiden, oft schwer, diese Seiten für sich zu identifizieren. Stattdessen suchen sie nach Antworten in einschlägigen Ratgebern, geschrieben von oft selbsternannten Experten.

Kurz und gut: Wer zum jetzigen Zeitpunkt einseitig mahnende Bücher darüber schreibt, wie sich das Internet auf uns Menschen auswirkt, kann nur ein Scharlatan sein. Wir leben in einer Welt, die durch wissenschaftlichen und technischen Fortschritt für die meisten Menschen in den letzten Jahrhunderten immer lebenswerter geworden ist. Sollte da nicht die Tatsache, dass wir die Auswirkungen einer tiefgreifenden gesellschaftlichen Veränderung durch technischen Fortschritt gewissermaßen «live» mitverfolgen können, viel spannender sein als das Herunterbeten apokalyptischer Szenarien, die bei jeder Veränderung aus der Mottenkiste hervorgeholt werden? Gerade wir Psychiater sollten uns davor hüten, denn die tiefgreifende technische Entwicklung, mit der wir uns konfrontiert sehen, ist sicherlich nicht die letzte – die Geschwindigkeit des technischen Fortschritts nimmt eher zu. Deshalb habe ich mein Buch so angelegt, dass es in erster Linie einen Zugang dazu vermittelt, wie man einer neuen Technik vernünftig begegnen kann.

Im Shitstorm der Erkenntnis

Beginnen möchte ich mit einer persönlichen Begegnung mit dem Internet, einer Begegnung, die zum Auslöser für dieses Buch geworden ist. Denn ein weiterer Grund, warum Psychiater so wenig zu diesem Thema zu sagen haben, ist banal: Sie ziehen es noch viel zu wenig in Betracht.

19

Auch ich habe früher meine Patienten, wie die meisten meiner Kolleginnen und Kollegen, nicht von mir aus danach gefragt, welche Rolle das Internet bei der Entwicklung ihrer Beschwerden gespielt hat. Und mich hat weder ein genialer Geistesblitz noch eine tiefere Einsicht dazu bewogen, es zu tun, sondern ein ziemlich unangenehmer «Shitstorm». Dazu möchte ich ein wenig ausholen.

Nach meinem Medizinstudium untersuchte ich zunächst in Kopenhagen die Auswirkungen langer Winter auf den Stoffwechsel des Gehirns. Das ist insofern für dieses Buch interessant, als ich der Frage nachging, wie sich (reguliert durch Veränderungen im Serotonin-System des Gehirns) eine als bedrohlich erlebte Umwelt auf menschliches Verhalten auswirkt. Wir sahen, dass Menschen fernab des Äquators aufgrund chemischer Veränderungen im Gehirn im Herbst ein Verhalten entwickelten, das gut zu der Vorstellung passt, dass es in früheren Stadien der Evolution lebenswichtig war, sich frühzeitig darauf einzustellen, dass im Winter die Nahrungsmittel knapp werden; dass wir in dieser Situation essen müssen, was wir kriegen, und darum auch noch sehr viel stärker und aggressiver als sonst mit anderen konkurrieren. Ich werde teilweise ähnlich argumentieren – nämlich dass wir uns dann unvernünftiger und aggressiver im Internet verhalten, wenn wir es als bedrohlich erleben, und dass wir Wissenschaftler zu dieser Wahrnehmung wesentlich beitragen können. Als ich 2009 für meine Facharztausbildung an die Charité in Berlin kam, setzte ich diese Forschung fort. Anfang 2011 übernahm ich neben meiner Vollzeitstelle auf Station die Leitung der Arbeitsgruppe Neurochemie – inhaltlich sehr weit weg vom Thema Internet.

Gleichzeitig begegneten mir in meiner täglichen Arbeit auf einer allgemeinpsychiatrischen Station immer häufiger Patienten, deren Wahnvorstellungen sich auf das Internet bezogen. Das ist eigentlich kein Wunder, denn Menschen beziehen sich häufig auf reale Dinge in ihrem Leben, wenn sie wahnhaft sind. Was mir jedoch immer wieder auffiel und mich zunehmend ärgerlicher machte, war der Umstand, dass die kommerzielle Ausbeutung im Internet zu dieser Symptomatik beiträgt. Während wahnhafte Menschen früher beispielsweise die Aussagen eines Fernsehmoderators auf sich bezogen, dieser jedoch einfach weiter sein Programm abspulte, war es nun so, dass sich das Programm im Internet den Menschen anpasste, auf sie reagierte und sie dadurch zusätzlich verwirrte. Vielleicht kennen Sie das: Wenn man in einer Krise ist, frustriert ist, an sich selbst zweifelt und sich über sich ärgert, dann kommt es einem so vor, als reagierten die Menschen negativer auf einen. Manchmal hat man dann vielleicht sogar das Gefühl, die Leute auf der Straße würden einen kritischer anschauen als sonst. «People are strange when you're a stranger / Faces look ugly when you're alone», sangen die Doors und beschrieben so genau dieses Erleben. Und teilweise stimmt das auch: Wer griesgrämig durch die Gegend läuft, wird auch häufiger unfreundlich angeschaut.

Im Internet wird dieser Effekt aber nicht nur durch

andere Menschen verstärkt, die entsprechend unserer Grundstimmung auf uns reagieren, sondern auch durch individualisierte Werbung, zum Beispiel von Spambots. Das sind Computerprogramme, die uns an unser Nutzungsverhalten angepasste Werbung und Spam schicken. Welche Auswirkung kann das auf Menschen haben, die erblich oder entwicklungsbedingt gefährdet sind, Wahnvorstellungen zu entwickeln, und sich beispielsweise in einer Krise befinden? Dieses Problem diskutierte ich zusammen mit einigen Kollegen. Wir fragten uns insbesondere, wie durch die hemmungslose Online-Werbung die Gesundheit unserer Patienten gefährdet werden könnte, und beschlossen, dazu einen wissenschaftlichen Artikel zu veröffentlichen. Wir wählten einen Fall aus, bei dem wir den Eindruck hatten, dass sich die Wahnvorstellungen einer Patientin im Zusammenhang mit exzessiver Nutzung des Kurznachrichtendienstes Twitter entwickelt hatten. Bei Twitter ist es zum einen besonders einfach, automatische Nutzer als Spambots zu programmieren, die aussehen wie normale Nutzer, aber nur zu dem Zweck existieren, automatische Werbenachrichten zu verschicken. Und zum anderen bringt die Begrenzung der Twitter-Nachrichten auf 140 Zeichen die häufige Verwendung von Abkürzungen und Symbolen mit sich, was zusätzlich verwirrend sein kann.

Wir legten also anhand eines typischen Falls unsere Vermutung dar. Wir beschrieben, wie eine Patientin in einer Lebenskrise immer mehr Zeit auf Twitter verbrachte und zunächst anfing zu glauben, dass mit Abkürzungen und Symbolen in Tweets geheime Nachrichten verschlüsselt worden seien, die wichtige Aufträge für sie enthielten. Im Verlauf weiteten sich diese Wahnvorstellungen auf ihr reales Leben aus und sie begann, vermeintliche geheime Symbole und Nachrichten in ihrer Umwelt wahrzunehmen, die mit bestimmten Handlungsaufträgen für sie verknüpft waren. Dabei hatte sie große Angst, dass ein Nichterfüllen dieser Aufträge schwerwiegende negative Konsequenzen für sie haben könnte. Aus dieser Situation heraus entwickelten sich schließlich massive Ängste und Suizidgedanken, die zu einer Aufnahme auf unsere Akutstation führten.

Der Artikel war kurz und prägnant und wir schickten ihn selbstbewusst an renommierte internationale Fachzeitschriften im Bereich der Psychiatrie. An dieser Stelle vielleicht eine kleine Anekdote über meinen Kollegen und Mitautor der Studie Thomas Mell: In der Nacht, nachdem ich den Artikel bei der ersten wissenschaftlichen Fachzeitschrift eingereicht hatte, träumte er, dass der Artikel akzeptiert würde und seine Veröffentlichung solche Wellen schlüge, dass Journalisten anschließend unsere Station belagerten. Aber das Gegenteil war der Fall: Weder diese noch eine andere Fachzeitschrift interessierte sich für unsere Arbeit und Argumentation – überall wurde unser Artikel abgelehnt.

Mit dem Text passierte dann das, was meistens mit Artikeln passiert, die keine Fachzeitschrift publizieren will: Er landete in einer Schublade. Und dort lag er relativ lange. Ich konzentrierte mich wieder auf meine alltägliche klinische Arbeit und die Neurochemie, aber draußen entwickelte sich die gesellschaftliche Debatte weiter. Es gab den NSA-Skandal, und rückblickend habe ich den Eindruck, dass ab diesem Zeitpunkt immer mehr Menschen, die vorher ihr Leben auf Facebook und in anderen sozialen Medien vorbehaltlos geteilt hatten, nun distanzierter wurden. Einige äußerten sich nur kritischer, insbesondere auch in den klassischen Medien, andere kündigten gleich ihre Accounts oder löschten zum Beispiel einen Teil der Fotos, die sie vorher geteilt hatten.

Von dieser Entwicklung bekam ich zunächst aber nur wenig mit, da ich weder auf Facebook noch sonst viel im Internet unterwegs war. Etwas ganz anderes passierte stattdessen: Ich wurde Vater und ging in Elternzeit. Und zwar ein ganzes Jahr! Bei zwei Monaten – was bei Vätern häufig noch Standard ist und meistens für eine längere Familienreise genutzt wird, also eher eine Art Vaterurlaub ist – hätte niemand gewagt, meinen Schreibtisch einzufordern. Aber bei einem ganzen Jahr? Wer so lange in Elternzeit geht, muss den Schreibtisch räumen. So kam es, dass ich die Fallstudie noch einmal aus der Schublade nahm und bei einer Fachzeitschrift einreichte. Einer sehr alten, aber mittlerweile wenig einflussreichen Zeitschrift. Dort dauert der Begutachtungsprozess, bei dem Kollegen aus dem gleichen Fachbereich anonym eine Stellungnahme abgeben, ob und in welcher Form ein Artikel publiziert werden soll, sehr lange, weil die meisten Kollegen eben lieber Gutachten für die größeren und einflussreicheren Fachzeitschriften schreiben.

In diesem Fall zog er sich ungefähr ein halbes Jahr hin, nämlich bis zum 31. Juli 2014. An diesem Freitag, an dem ich gerade mitten in meiner Elternzeit war, erschien unser Artikel im *Journal of Nervous and Mental Disease*, und innerhalb weniger Stunden wurde er auf Twitter und in den sozialen Medien wütend attackiert. Während ich – als der Erstautor wesentlicher Ansprechpartner der Medien – zunächst völlig naiv versuchte, zu den einzelnen Protagonisten Kontakt aufzunehmen und unsere Haltung klarzumachen, ergab ich mich später zunehmend der Flut an Nachrichten auf Twitter. Im Wesentlichen zitierten sie den Eintrag eines einflussreichen anonymen Bloggers, *The Neurocritic*, der unseren Artikel völlig verrissen hatte. Gerade der. Ausgerechnet mein wissenschaftlicher Lieblingsblog, auf dem sonst populistische Artikel Gegenstand der Kritik werden! Ich schrieb dem Neurocritic direkt.

Aus dieser Kontaktaufnahme entwickelte sich ein längerer E-Mail-Dialog, bei dem ich ein Gespür für die Sorgen der anderen Seite bekam: Zwar sah man bei der eingefleischten Internetgemeinschaft die wachsende wirtschaftliche Ausbeutung durch soziale Medien mit Sorge. Aber es gab ebenso große Vorbehalte gegenuber einer zunehmenden Gruppe von Wissenschaftlern, die mit Aussagen über die krankmachende Wirkung der sozialen Medien nicht nur nach öffentlicher Aufmerksamkeit trachteten, sondern etwa auch Stiftungen davon überzeugten, ihre Forschungsvorhaben zu fördern, indem sie die Gefahr des Internets auf zweifelhafter Grundlage überbewerteten. Man hatte hinter unserem Artikel ein ähnliches Interesse vermutet.

Während der Neurocritic und ich diskutierten, flaute die Diskussion auf Twitter und in den sozialen Medien wieder ab, und ich war zutiefst erleichtert. Aber diese Ruhe dauerte nur wenige Tage. Am 6. August 2015, genau eine Woche nach Beginn der Diskussion in den sozialen Medien, erhielt ich abends um 18:56 Uhr eine E-Mail von James Eng, einem Editor von *NBCNews*. Er fragte an, was es mit der Twitter-Psychose auf sich habe und wie häufig sie vorkomme, also wie bedrohlich sie sei. Nachträglich bin ich, wenn ich an diesen Moment denke, extrem dankbar für den Shitstorm auf Twitter, den ich zuvor erlebt hatte. Wäre ich ohne diesen Schuss vor den Bug und ohne die Diskussion mit dem Neurocritic in diese Presseanfrage gestolpert, ich hätte genau das getan, was ein Wissenschaftler tut, der keine Erfahrung mit der Presse hat und sich von der Anfrage eines einflussreichen internationalen Nachrichtensenders geschmeichelt fühlt: Ich hätte angegeben und vielleicht auch etwas übertrieben. Stattdessen schrieb ich James, dass es sich nur um einen einzelnen Fall handele, den wir publiziert hätten, um mit Kollegen darüber zu diskutieren, und dass man sich auf der Grundlage dieses einzelnen Fallbeispiels als normaler Internetnutzer keine Sorgen machen müsse. Mein Kollege Thomas sollte mit seinem Traum zwar recht behalten, denn unser Artikel schaffte es dann trotzdem weltweit in die Medien – aber fast alle druckten die Variante, die ich James in die Feder diktiert hatte, von der *Times of India* über Zeitungen in Südamerika bis nach Südostasien.

Die Konsequenz meiner neu gewonnenen Bescheidenheit war, dass ich nun als erster Wissenschaftler überhaupt vom Neurocritic interviewt wurde. Mein Ankämpfen gegen die reißerische Stimmung in den Zeitungen wurde in den sozialen Medien weitgehend honoriert, eine Art öffentliche Rehabilitierung also. In den Interviews für Zeitungen wie der *Daily Mail* und dem Technikmagazin *Wired* gab ich sehr ausgewogene Antworten zum Thema und verwies auf die Begrenztheit meines eigenen Wissens und auch der bisher vorliegenden Ergebnisse psychiatrischer Studien. Dabei wurde mir immer klarer, wie groß der Bedarf nach sachlichen Antworten von Psychiatern auf die Frage nach den Auswirkungen des Internets auf die menschliche Psyche ist.

Zwischendurch jedoch war ich selbst drauf und dran, eine digitale Paranoia zu entwickeln – als die Tausenden Nachrichten zur «Twitter-Psychose» auf Twitter und in den sozialen Medien und später in den Zeitungen auftauchten und ich dauernd im Zusammenhang mit den bizarrsten Behauptungen zitiert, aber nur selten direkt gefragt wurde. Erst hatte ich das Gefühl, die Kontrolle zu verlieren. Dann entwickelte ich diffuse Ängste: Wer da wohl alles noch über mich schreiben würde – und was? Dinge, die ich vielleicht überhaupt nicht beeinflussen konnte. Daraufhin googelte ich ausführlicher meinen Namen und überprüfte, was die Menschen, die da über mich diskutierten, alles an privaten Details im Internet über mich finden konnten. Keine Ahnung, wer da mit wem Daten tauschte! Zwischendurch war es so schlimm, dass ich vorübergehend unseren Router ausschaltete, um mich entspannen zu können. Nach und nach wurde mir dann aber klar, dass das, was ich an mir selbst gerade intensiv erlebte, vielen Menschen ständig, wenn häufig auch in geringerem Ausmaß passiert. Da ich als Psychiater weiß, dass Ängste eher größer werden, wenn man ihnen den Raum dafür lässt, begann ich, mich zunächst mit meiner eigenen Beziehung zum Internet zu beschäftigen und im nächsten Schritt das Ganze gezielt zu untersuchen.

Dabei hatte ich das große Glück, mich mit Unterstützung des Max-Rubner-Innovationspreises der Stiftung Charité nach der Rückkehr aus meiner Elternzeit im Jahr 2015 sofort wissenschaftlich mit diesem Thema auseinandersetzen zu können. In diesem Jahr befragte ich Patienten genauso wie Privatpersonen in allen möglichen Situationen und führte ausführliche Diskussionen mit Wissenschaftlern anderer Disziplinen, die sich mit diesem Thema beschäftigt hatten. Mittlerweile sind wir ein interdisziplinäres Zentrum geworden, das *Zentrum für Internet und seelische Gesundheit* (ZISG), in dem – ganz anders als im Forschungsgeschäft üblich, wo sich wissenschaftliche Leistung mittlerweile im Wesentlichen an der Zahl jährlich publizierter wissenschaftlicher Artikel bemisst, die kein

Mensch mehr liest und lesen kann – vor allem sehr viel zugehört und miteinander gesprochen wird. Das Zentrum ist dabei ein ziemlich virtueller Ort: Wenn Sie bei mir vorbeikommen, landen Sie lediglich in einem kleinen Arbeitszimmer mit einem großen Schreibtisch und viel Platz für Gespräche. Wir sind vielmehr ein Netzwerk von sehr unterschiedlichen Leuten mit sehr unterschiedlichen Interessen und Perspektiven – und dank des Internets oft im Austausch, ohne immer am gleichen Ort sein zu müssen. Das Buch ist die Essenz der spannenden Anfangszeit dieses Projekts und es versteht sich ausdrücklich auch als Einladung an Sie, sich an dieser Diskussion zu beteiligen.

Wie dieses Buch funktioniert

Das Buch ist in etwa so aufgebaut, wie ein Psychiater einen Patienten systematisch untersucht. Es behandelt also Aspekte des sogenannten *Psychopathologischen Befunds*. Auch Psychiater hören Herz, Lunge und Bauch ab, untersuchen die Funktion von Hirn, Muskeln und die Reflexe und klopfen auf dem Rücken herum, um Schäden der Wirbelsäule oder der Niere grob zu beurteilen. Aber Psychiater untersuchen zusätzlich noch die Psyche – und dabei gibt es einen strukturierten Ablauf, um die verschiedenen Aspekte dieses schwer fassbaren Organs zu beurteilen. Zunächst prüfen wir – wie unsere somatischen Kollegen – die Wachheit. Dann beginnt eine umfangreiche Befragung:

Wir untersuchen die Orientierung (örtlich, zeitlich, zur Person, zur Situation), indem wir beispielsweise fragen, ob jemand das Datum weiß (oder zumindest den Monat oder die Jahreszeit), wir prüfen verschiedene kognitive Aspekte («Was meine ich, wenn ich sage: Der Apfel fällt nicht weit vom Stamm?») und Veränderungen im Denken, wir beobachten und erfragen die Stimmung und fragen nach spezifischen und unspezifischen Ängsten. Ich werde die Aspekte, auf die ich in diesem Buch näher eingehe, in den jeweiligen Kapiteln erklären.

Natürlich lässt sich diese Art der Befunderhebung nicht eins zu eins auf das Internet übertragen – sie dient eher als eine Art Grundstruktur für die psychiatrische Analyse. An einzelnen Stellen werde ich auch deutlich vom Schema abweichen müssen. Denn im Zentrum des Interesses steht ja die Klärung der Frage, wie wir dem Internet begegnen: wie wir es erleben, was uns daran mit Sorgen erfüllt und wie wir diese Veränderung beeinflussen können. Und um noch genauer zu sein: Häufig geht es gar nicht um die Veränderung selbst, sondern um unsere Wahrnehmung dieser Veränderung. Damit meine ich, dass nicht das, was wir tun, das eigentliche Problem ist – denn die meisten Dinge, die wir tun, tun wir aus einem guten Grund –, sondern die Art und Weise, wie wir selbst und unser Umfeld unser Verhalten beurteilen und wie wir uns dadurch fühlen.

Um das besser zu veranschaulichen, gibt es in den meisten Kapiteln Fallbeispiele und Verhaltensexperimente, die Sie selbst ausprobieren können. Ich habe mich bei den

Fallbeispielen in vielen Fällen bewusst gegen die Verwendung von Patientengeschichten entschieden, da wir ein junges Projekt sind und die meisten Patienten sich aktuell noch in Behandlung bei uns befinden. Aus meiner Sicht ist es eine Hypothek für eine Therapie, wenn der Patient noch während der Behandlung in einem Buch seines Psychiaters auftaucht. Bei einigen war mir die Geschichte aber so wichtig, dass ich sie in das Buch aufgenommen habe, natürlich mit Zustimmung der Patienten nach einem detaillierten Gespräch über mögliche Konsequenzen. Dabei habe ich wesentliche Aspekte so verändert, dass die Anonymität der betreffenden Patienten gewahrt bleibt. Die meisten Menschen jedoch, die mit mir während der Recherchen für dieses Buch über ihr Verhältnis zum Internet gesprochen haben, waren ohnehin keine Patienten. Ich sprach Menschen, die über das Internet schreiben, einfach an und unterhielt mich mit ihnen, zum Beispiel mit der Schriftstellerin Kathrin Passig, die im Buch ein paarmal auftaucht. Andere fingen im Zugabteil an, mir ihre Geschichte zu erzählen, in den Ruheecken auf Konferenzen, an ihrem Arbeitsplatz, im erweiterten Bekanntenkreis — manchmal sogar bei Begegnungen auf der Straße. Auf diese Weise habe ich als Psychiater schnell einen umfassenden Einblick in die Fragen und Sorgen der allgemeinen Bevölkerung bekommen.

Die Verhaltensexperimente habe ich fast alle an mir selbst und oft in der Familie und bei Freunden ausprobiert und zum Teil, wenn sie effektiv waren, auch als psychotherapeutische Interventionen mit Patienten durchgeführt. Diese Experimente sollen Ihnen helfen, Ihr eigenes Verhältnis zum Internet zu klären, verloren geglaubte analoge Fähigkeiten zu reaktivieren und Ressourcen des Internets gesünder zu nutzen. Denn am Ende des Tages muss die Frage immer sein, wie es Ihnen und Ihrer persönlichen Umwelt geht mit dem, was Sie tun. Genau bei der Klärung dieser Frage sollte ein Psychiater den Menschen helfen, statt Warnungen vor Dingen von sich zu geben, die er selbst noch gar nicht überblicken kann.

An dieser Stelle gleich eine *Einschränkung zu den Verhaltensexperimenten:* Ich bin Psychiater und helfe Ihnen im Rahmen dieses Buchs gerne, Ihr Verhältnis zum Internet besser zu verstehen. Aber: *Dieses Buch ist keine Therapie!* Ich kann niemanden behandeln, mit dem ich nicht persönlich im Gespräch bin. *Sie sollten diese Experimente nur dann ausprobieren, wenn Sie psychisch gesund sind und sich nicht in einer Krise befinden!* Denn Sie müssen schon selbst abschätzen, wie sich solche Experimente auf Sie persönlich wie auf Ihr individuelles Umfeld auswirken. Manche davon können auch unangenehme Effekte haben, wie in meinem Fall das Experiment Nr. 2 – also das Aussperren aus dem eigenen E-Mail-Account mit negativen Folgen für meine akademische Außenwirkung.

Wenn Sie sich bei mir in Therapie begeben, dann trage ich eine Mitverantwortung, weil Sie mich dafür bezahlen, dass ich Ihnen helfe, diese möglichen Auswirkungen einzuschätzen. Wenn Sie die Experimente alleine durchführen, dann kann ich keine Verantwortung dafür übernehmen, das können nur Sie selbst tun. Sollten Sie sich dazu nicht in der Lage sehen oder unter psychischen Beschwerden leiden oder sich in einer Krise befinden, dann sollten Sie vor der Durchführung eines dieser Verhaltensexperimente mit einem Therapeuten Rücksprache halten. Als Therapeuten gelten für mich Psychiater und Psychologen, die über eine psychotherapeutische Ausbildung verfügen. Hinter Heilpraktikern, Coaches und Beratern kann sich viel verbergen und nicht nur Negatives – sicherstellen tun diese Berufsbezeichnungen eine adäquate psychiatrische oder psychotherapeutische Betreuung aber nicht.

2. Das langsame Erwachen

So richtig im Klaren über unseren Umgang mit dem Internet sind wir uns nicht – aber die Momente, in denen wir darüber nachdenken und uns Sorgen machen oder uns bewusst werden, welche Bedeutung es für uns hat, werden häufiger. Während vor ein paar Jahren die Allgemeinen Geschäftsbedingungen (AGBs) im Internet eigentlich nie gelesen wurden, wird mittlerweile zumindest über die AGBs verschiedener Unternehmen diskutiert. Auch die Veränderung des Umgangs mit unserer Privatsphäre führt immer öfter zu Diskussionen und manchmal auch dazu, dass Menschen ihr Verhalten ändern, zum Beispiel Facebook nicht mehr nutzen, vom Smartphone wieder auf ein altes Handy umsteigen oder internetfreie Zeiten in ihren Familienalltag einführen.

Gustav D., der in diesem Kapitel auftaucht, ist ein typischer Fall dafür: Erst lief alles super und das ständige Leben mit dem Internet fühlte sich großartig an – aber auf einmal war vieles anders, und er konnte gar nicht so genau sagen, warum. Es geht um Kontrollverlust. Dabei wird deutlich, dass uns Rituale fehlen, um die Informationen und Wahlmöglichkeiten, mit denen unser Bewusstsein konfrontiert wird, besser ordnen zu können. Rituale sind nach festgelegten Regeln ablaufende, ursprünglich feierliche Handlungen. Seit einiger Zeit hat auch die Psychotherapie ihren Nutzen wiederentdeckt; denn mit ihrer Hilfe lassen sich Ordnungen wiederherstellen, wo sie nicht mehr als vorgegebene Struktur vorhanden sind. Solche Rituale können sein, dass wir bestimmte Nachrichten nur zu bestimmten Zeiten oder an bestimmten Orten lesen und beantworten, etwa am Schreibtisch. Aber auch, dass wir uns bestimmte Umgangsformen mit dem Internet angewöhnen, zum Beispiel (wie Sie später in Experiment 11 sehen werden), indem Sie die Menschen, die mit Ihnen am Frühstückstisch sitzen, kurz wissen lassen, für welche Tätigkeit Sie sich gerade ins Internet begeben («Ich geh' dann mal kurz arbeiten ...»).

Als Erstes prüft der Psychiater, ob sein Patient wach ist, schläfrig, im Tiefschlaf oder gar im Koma. In welchem Zustand sind wir, wenn es um unser Verhältnis zum Internet geht? Sind wir wirklich wach? Sind wir gerade erst am Aufwachen? Oder schlafen wir noch tief und fest?

Im Jahr 2014 wurden die Ergebnisse eines von der finnischen Internet-Sicherheitsfirma *F-Secure* gesponserten Experiments veröffentlicht. Mitarbeiter hatten kostenlose WiFi-Hotspots aufgebaut, an denen jeder, der sich einloggte, das Internet kostenlos nutzen konnte, sofern er den AGBs zustimmte. Diese umfassten, dass der Nutzer einwilligte, im Gegenzug für den Zugang zum Internet sein erstgeborenes Kind der Firma zu überlassen. Der Fall sorgte für Aufmerksamkeit, für Lachen, für etwas Sorge – aber ich kenne niemanden, der seitdem die AGBs im Internet häufiger liest. Wir denken nicht nur nicht darüber nach, wir verdrängen aktiv, welchen Dingen wir da zustimmen. Für ein langsames Erwachen sprechen Projekte wie das erfolgreiche Internetangebot einer kleinen Kreuzberger Firma, die für einen Euro im Monat einen E-Mail-Account ohne Datenklau und dafür mit echter Privatsphäre verspricht. Das ist zwar nicht ganz neu, da es auch vor dem großen Erfolg der Freemail-Anbieter schon ähnliche Angebote gab, aber die Tatsache, dass auf einmal viele Menschen von den Freemail-Anbietern, die sie vorher jahrelang genutzt haben, zu solchen Angeboten wechseln, zeugt aus meiner Sicht von einem neuen Bewusstsein. Oder vielleicht auch nur einer neuen Mode: Auch ich habe eine E-Mail-Adresse bei dieser Kreuzberger Firma, habe aber trotzdem die AGBs nicht gelesen und weiß also selbst eigentlich gar nicht, ob sie wirklich besser mit meinen Daten umgeht. Und ich könnte es im Zweifelsfall auch gar nicht selbst überprüfen. Eine nichtrepräsentative Befragung unter anderen Nutzern dieses Angebots förderte ähnliche Verhaltensweisen zutage. Ich würde unser Verhältnis zum Internet hier also großzügig als noch ziemlich schläfrig bezeichnen.

Ein deutliches Erwachen bemerken wir allerdings bezüglich unserer steinzeitlichen menschlichen Bedürfnisse. Ich werde in diesem Buch immer wieder zu dem Punkt kommen, dass nicht «das Internet» das Problem ist, sondern der Mensch. Denn die große Chance und gleichzeitig auch große Bedrohung des Internets besteht darin, dass es einige unserer ursprünglichen menschlichen Bedürfnisse so wunderbar erfüllt. Natürliche Bedürfnisse sind aus meiner Sicht, im Guten wie im Schlechten, ganz banale Dinge: im Kopf abzuschalten, die Anstrengung selbst zu regulieren (im Internet zum Beispiel «Nerviges» einfach «wegzuklicken»), mit den Menschen, die einem wichtig sind, Kontakt aufzunehmen und seine Zuneigung zu bekunden, wann immer man will – aber auch, durch ungehemmte Selbstinszenierung Aufmerksamkeit einfordern oder einfach mal ungehemmt herumpöbeln. Etwas sehr Ungezähmtes erwacht da in uns, und wir registrieren es mit Unbehagen. Wir schieben es auf das Internet, sprechen von dem Sog, den es auf uns ausübt, bis hin zur Sucht, und behaupten, die Rettung sei im «natürlichen» Leben außerhalb des Internets zu finden. Dabei übersehen wir oft, dass Arbeiten oder Rumhängen gar keine Alternativen im Umgang mit dem Internet sind, sondern nur Extreme. Häufig bewegen wir uns von Informationen aus Zeitungen zu Kommunikationssträngen mit Freunden, lesen etwas nach und suchen nach Quellen, etwa dem Video mit der Rede eines Politikers.

Nachdem wir über mehrere Generationen immer sozialer, freundlicher und effektiver werden mussten, scheinen nun in dem neuen, zunächst weitgehend regellosen Raum, den das Internet in unserer Gesellschaft geschaffen hat, sehr basale Bedürfnisse zu erwachen. Wenn es im Folgenden darum geht, wie wir mit unseren Internetproblemen zurechtkommen, dann wird es dabei immer wieder um diese sehr ursprünglichen Bedürfnisse gehen, die das Internet befriedigt, verbunden mit der Frage, wie wir diese Bedürfnisse – zum Beispiel durch neue kulturelle Normen – in den Griff bekommen können. Zu diesem Zweck möchte ich mit einem Fallbeispiel beginnen: dem Fall von Gustav D., der plötzlich «erwachte» und merkte, dass er keine Kontrolle mehr über seinen Umgang mit dem Internet hatte.

Gustav D. kam nicht in meine Sprechstunde, sondern fragte mich privat um Rat. Seit ich mich aus psychiatrischer Sicht mit dem Internet beschäftige, stellen mir zahllose Menschen Fragen bezüglich des Internets und erzählen mir ihre Geschichten. Doch kaum einer davon geht deswegen wirklich zum Psychiater. Die Geschichte von D. ist in vielerlei Hinsicht völlig normal und kein Grund zur Sorge. Am Ende hat er, wie die meisten anderen auch, seinen Weg gefunden. Und trotzdem ist es ein klassisches Beispiel dafür, wie wir plötzlich – ohne dass sich um uns herum irgendetwas grundlegend verändert hat – erwachen und merken, dass wir im Internet etwas tun, das nicht mehr unseren Vorstellungen von uns selbst entspricht oder uns nicht mehr guttut.

Und plötzlich ist die Kontrolle weg

Alles begann mit einem vielversprechenden neuen Job. Als D. seine Stelle in Berlin antrat, war er voller Enthusiasmus. Sein neuer Chef war herzlich und zeigte sich begeistert von seinen Ideen und seinem Gestaltungswillen. D. stürzte sich in die Arbeit und war trotz einer 80-Stunden-Woche ausgeglichen und noch regelmäßig abends mit den neuen Kollegen unterwegs. Nervös wurde er nur, wenn er ohne Computerzugang nicht mitbekam, dass neue E-Mails eintrafen. Aufgrund der vielen Projekte hatte er sich angewöhnt, alles sofort abzuarbeiten, und der Gedanke, dass sich die E-Mails in seinem Posteingang stapelten, während er offline war, machte ihm zu schaffen. Deshalb war er einer der Ersten, der sich ein Smartphone anschaffte. Es machte D. Spaß, ständig erreichbar zu sein, auf «der Welle der Arbeit zu surfen», wie er das nannte. Die Bewunde-

rung der Kollegen für seine ständige Erreichbarkeit be-
stärkte ihn darin. Er behauptete manchmal süffisant, das
Smartphone habe ihn von seiner «Internetsucht geheilt».
Seit er wisse, dass er über jede wichtige neue Nachricht
sofort informiert werde, müsse er nicht mehr ständig vor
dem Computer herumhängen.

Wann genau dieses Verhalten zum Problem zu werden
begann, konnte D. rückblickend nicht sicher sagen. Erst
scheiterten Projekte, dann reagierte der Chef seltener auf
seine Mails und Ideen, und der Ton einzelner Kollegen in
ihren Mails wurde «fordernder und genervter». D. begann
sich zunehmend angreifbarer zu fühlen. Immer häufiger
zog er unterwegs oder auch während eines Meetings sein
Smartphone aus der Tasche und schaute nach neuen Nachrichten. Er hoffte auf gute und fürchtete schlechte. Dadurch war er ständig nervös. Und irgendwann wurde ihm
sein Smartphone richtig unangenehm. Es war kein Instru-
ment mehr, mit dessen Hilfe er seine Umwelt überblickte
und beeinflussen konnte, sondern eine Schnittstelle, durch
die er sich von seiner Außenwelt bis in die verborgenen
Bereiche seines Privatlebens bedroht fühlte. Mittlerweile
nahm er das Smartphone sogar mit ins Bett, weil er hoffte,
durch die Optimierung seines Schlafverhaltens mittels
einer Schlaf-App Kontrolle über seine Schlaflosigkeit zu
gewinnen. Aber stattdessen lag er verunsichert wach und
starrte auf den bläulich leuchtenden Bildschirm neben
sich. Immer häufiger fing er in solchen Nächten an, seine
Erfolge mit denen seiner Kollegen zu vergleichen, deren

Aktivitäten und Fortkommen er heimlich in sozialen Medien und professionellen Netzwerken verfolgte.

Mit der Zeit entwickelte D. komplexe E-Mail-Filter, um das Gefühl zu haben, die eintreffenden Nachrichten besser kontrollieren zu können. Doch dieser Versuch der Selbsttherapie scheiterte. Obwohl er die Mails eigentlich nur ein Mal am Tag lesen wollte, checkte er die Ordner dann doch andauernd. Alle guten Vorsätze, das Internet zu bestimmten Zeiten einfach ganz auszuschalten, scheiterten ebenso. D. wurde klar: er surfte nicht mehr oben auf der Welle, sie war über ihm zusammengeschlagen, das Internet begann ihn zu überwältigen. Nicht er «managte» die Herausforderungen des Alltags – sie überforderten ihn. D. kam also die Kontrolle abhanden. Oder besser: das Gefühl, die Kontrolle zu haben. Denn während es ihn früher überhaupt nicht gestört hatte, morgens kurz nach dem Aufstehen von einem neuen Termin, der wenige Stunden später stattfinden würde, zu erfahren, belastete ihn das nun und führte bei ihm zu dem Gefühl, sich nicht ausreichend abgrenzen zu können. Gleichzeitig war es ihm unmöglich, selbständig in einen Zustand der zumindest temporären Unerreichbarkeit zurückzukehren. D. erwachte und wurde auf die Meta-Ebene geschleudert. Er sah sich von außen als jemand, der die Kontrolle über sein Verhältnis zum Internet irgendwann, ganz ohne es zu merken, verloren hatte.

Natürlich fragen wir uns: Warum zieht jemand, dem es zu viel wird, nicht einfach den Stecker? Warum hängen einige ständig am Smartphone, sind dabei unzufrieden und tauschen das permanente Online-Sein trotzdem nicht gegen einen Tag offline am Meer? Das Phänomen einfach mit «Internetsucht» zu erklären, greift zu kurz. Niemand hätte D. in der Zeit, als er viel arbeitete, als «internetsüchtig» bezeichnet – er arbeitete einfach viel und erfolgreich und nutzte dabei verschiedene Funktionen des Internets. Im Gegenteil, D. war eher ein Präzedenzfall gegen das Argument der Sucht: Der Zeitrahmen und die genutzten Funktionen waren völlig gleich geblieben (also kein für die Sucht typischer «Gewöhnungseffekt»). Alle wesentlichen Merkmale eines Suchtverhaltens ließen sich bei D. nicht feststellen: Weder hatte er wegen des Internets seine sozialen Kontakte vernachlässigt, noch hatte er das Internet weiter genutzt, obwohl es negative gesundheitliche Folgen für ihn hätte haben können (es waren ja der Vergleich mit den anderen und die Angst vor schlechten Neuigkeiten, die ihn wach hielten und erschöpften). Entzugssymptome vom Internet hatte er auch nicht – er war wahnsinnig erleichtert, wenn er gezwungenermaßen keinen Zugang zum Internet mehr hatte, zum Beispiel im Flugzeug. Aber er schaffte es nicht selbständig, das Internet auszuschalten, weil er Angst hatte, nicht auf dem neuesten Stand zu sein. Hatte D. eine Sucht nach Online-Neuigkeiten? Mich erinnert er eher an Menschen, die das Gefühl haben, sich in einem unübersichtlichen, bedrohlichen Umfeld zu befinden, die gestresst und immer wachsam sind und nicht mehr zur Ruhe kommen. Wie konnte es so schnell dazu kommen – obwohl sich (zunächst) an seinem Internetverhalten gar nichts geändert hatte?

Das Gefühl, zumindest teilweise Kontrolle über das eigene Leben zu haben, ist wesentlich für das menschliche Wohlbefinden. Wissenschaftler beschreiben diesen Umstand im Rahmen des Konzepts der «Kontrollüberzeugung». Dabei unterscheiden sie zwischen «internaler» und «externaler» Kontrollüberzeugung. Wer überzeugt ist, dass ein Ereignis abhängig vom eigenen Verhalten ist, der lokalisiert den «Ort der Kontrolle» eher «innerhalb der Person» (englisch «internal locus of control») – das entspricht der internalen Kontrollüberzeugung. Menschen, die die Kontrolle eher außerhalb ihrer eigenen Person, also external, verorten (englisch «external locus of control»), haben eine externale Kontrollüberzeugung. Menschen mit internaler Kontrollüberzeugung (oft gepaart mit dem Wissen um Dinge, die man nicht verändern kann, und mit einer Portion Dankbarkeit für unverhofftes Glück im Leben) sind stressresistenter und leben gesünder.

D. hatte wahrscheinlich schon länger eine eher externale Kontrollüberzeugung, was ihm aber nicht auffiel, solange es mit der Arbeit gut lief und das Internet viele seiner sehr basalen Bedürfnisse befriedigte. Erst als sich die äußeren Bedingungen verschlechterten, wurde ihm klar, wie abhängig er von dieser Befriedigung basaler Bedürfnisse (ständiges soziales Feedback, sich bedeutungsvoll fühlen etc.) durch das Internet geworden war. Sein Verhältnis zum Internet ist dabei typisch für Menschen mit externaler Kontrollüberzeugung: sie haben ein deutlich höheres Risiko, im Netz zu versinken und Online-Aktivitäten als unangenehm zu empfinden. Das ist zugleich eines der wichtigsten Argumente, warum wir unseren Nachwuchs nicht durch Vorschriften und Zwang zu einem angemessenen Umgang mit dem Internet erziehen können – Zwang hilft ihnen nicht, zu lernen, sich als gestaltende Akteure ihres eigenen Lebens wahrzunehmen. Wir müssen ihnen vielmehr die Gelegenheit geben, positive Erfahrungen zu sammeln und Herausforderungen zu meistern. Dazu gehört, die eigene Zufriedenheit nicht zu sehr von äußeren, fremdbestimmten Faktoren abhängig zu machen, sondern von solchen, die man selbst beeinflussen kann.

You *can* always get what you want...

Darüber hinaus sehen wir an Gustav D., dass wir ihnen beibringen müssen, dem Impuls nach unmittelbarer Bedürfnisbefriedigung zu widerstehen. Diese Fähigkeit, die im psychologischen Jargon als «Belohnungsaufschub» bezeichnet wird, ist wesentlich für unser Wohlbefinden und bezeichnet zugleich den Punkt, an dem viele Menschen scheitern, die sich vom Internet überwältigt fühlen. Sie versinken in digitaler Prokrastination, also im permanenten Aufschieben und Vor-sich-her-Schieben dessen, was zu tun ist, durch Ablenkung im Internet. Sie schaffen es zum

Beispiel einfach nicht, dem unmittelbaren Nachschauen von Dingen zu widerstehen.

Bereits in den 1970er Jahren führte der Psychologe Walter Mischel in den USA einige brillant einfache und mittlerweile berühmt gewordene Experimente zum Belohnungsaufschub durch: Er ließ Kinder mit einem Keks oder etwas ähnlich Verlockendem in einem Raum allein und versprach ihnen nach seiner Rückkehr einen zweiten, sofern sie den ersten in seiner Abwesenheit nicht gegessen hätten. Die meisten Kinder konnten – trotz dieser Aussicht – dem Impuls nicht widerstehen und aßen den ersten Keks. Es gab jedoch eine kleinere Gruppe, die das Warten scheinbar problemlos auszuhalten vermochte. In folgenden Langzeitstudien zeigten Mischel und seine Kollegen, dass die Fähigkeit des Belohnungsaufschubs nicht nur mit größerem schulischem und beruflichem Erfolg verbunden ist, sondern auch mit größerer Lebenszufriedenheit. Die Kinder mit schlechterer Impulskontrolle hatten hingegen ein größeres Risiko, später Suchtverhalten zu entwickeln. Mischel lieferte mit seinen Ergebnissen die Begründung für viele unserer heutigen Zivilisationskrankheiten, die mit übermäßigem Konsum und mangelnder körperlicher Bewegung in unserer Wohlstandsgesellschaft einhergehen.

In einer Welt, in der durch das Internet alles ständig zur Verfügung zu stehen scheint, ist die Fähigkeit der Impulskontrolle wichtiger als je zuvor. Immer mehr Menschen haben das Gefühl, nicht mehr zum Wesentlichen zu kommen, weil sie ständig dem verlockenden Impuls folgen, neue Nachrichten unmittelbar zu checken oder nach neuen Status-Updates anderer in den sozialen Medien zu schauen.

Die schlechte Nachricht für die Größeren unter uns (und auch diejenigen mit größeren Kindern) ist, dass die Fähigkeit zum Belohnungsaufschub bereits in sehr frühen Lebensabschnitten entwickelt zu werden scheint. Trotzdem sind wir nicht verloren. Denn obwohl es den meisten schwerfällt, den unmittelbaren Impulsen nicht nachzugeben, so haben wir doch auch später noch die Möglichkeit, Techniken zu lernen, mit denen wir unsere Impulse in Schach halten können. Mischel und Kollegen zeigten in einem Folgeexperiment, dass Kinder, denen es eigentlich sehr schwer fiel, der Verlockung zu widerstehen, sich durch Singen oder Selbstgespräche ablenkten und so die Herausforderung meisterten. Für viele Lebensbereiche verfügen wir über ähnliche Techniken und Rituale zur Impulskontrolle, die zum Teil tief in unserer menschlichen Kultur verankert sind. Wenn ich mich über die unsinnigen Anweisungen meines Chefs ärgere, dann töte ich ihn nicht und nehme seine Stelle ein, sondern sage im Notfall, dass ich kurz auf die Toilette muss, trinke dort einen Schluck kaltes Wasser und setze danach das Gespräch wieder fort. Und wenn der Kellner mir den schlechten Teil der «Beute» bringt, dann reiße ich ihn nicht vor den erschrockenen Augen meiner Frau um und schlage auf ihn ein, sondern gebe ihm kein Trinkgeld und beschwere mich im schlimmsten Fall bei seinem Chef oder melde das Restaurant bei der örtlichen Aufsicht (oder schreibe im Netz eine niederschmetternde Kritik).

Für das Internet fehlt uns häufig noch eine solche Kultur des Umgangs. Anders gesagt, die «Kultur», die sich bereits entwickelt hat, wirkt auf mich nicht selten wie eine schlechte Notlösung. Wie seltsam fühlt es sich zum Beispiel an, wenn ein Kollege, der immer noch auf meine Rückmeldung zu einem gemeinsamen Projekt wartet, mir freundlich, aber bestimmt schreibt: «Jetzt beeilen Sie sich aber bitte mal :-)» (der Smiley soll anzeigen, dass es neben bestimmt auch freundlich gemeint ist). Im Internet fehlen uns kommunikative Möglichkeiten der Intonation und Mimik – Emoticons sind dafür kein ausreichender Ersatz.

Zudem habe ich den Eindruck, dass insbesondere in kommerziellen Dingen durch das Internet viel Kultur verloren gegangen ist. Stellen Sie sich nur vor, Tante Emma hätte ihre Neffen geschickt, um uns beim Essen durchs Fenster zu beobachten, und dann immer morgens eine Großpackung unseres Lieblingsmüslis auf die Theke ihres Ladens gestellt. Wäre das aufgeflogen, hätte Emma sofort Konkurs anmelden können. Jeff Bezos, der Chef von Amazon, ist hingegen einer der reichsten Männer der Welt und mit seinem Unternehmen sehr erfolgreich. Warum weist ihn niemand auf gute Umgangsformen hin? Warum interessiert uns das im Internet nicht? Im Gegenteil: Warum finden solche Umgangsformen immer häufiger den Weg aus dem Netz in unser analoges Leben?

Besonders dringlich ist diese Frage für den Umgang mit

Aggressionen. Gerade in letzter Zeit fällt uns zunehmend auf, dass einige Menschen im Internet die Kontrolle über ihren Hass verlieren. Wir schaffen es bislang nicht, unsere analog entwickelten Vorstellungen von Anstand auf die virtuelle Welt des Internets zu übertragen. Stattdessen finden die Hasser mittlerweile den Weg vom Netz auf die Straße. Ein erschreckendes Beispiel sind die fremdenfeindlichen Demonstrationen in Dresden, die im Jahr 2015 ihren traurigen Höhepunkt fanden. Dort wird auf der Straße skandiert, was bis dahin nur auf Facebook-Seiten oder in den Kommentaren unter Online-Artikeln formuliert wurde und so in seiner aggressiven Dumpfheit von der Zivilgesellschaft schneller abgetan werden konnte.

Der Teufelskreis des «Nicht-davon-Loskommens»

Aber zurück zu Gustav D. Dieser geriet in einen klassischen Teufelskreis der Internetkommunikation, den viele von uns gelegentlich erleben: Einerseits ziehen wir uns immer mehr zurück und verlieren so die Kontrolle über unser Leben in der Außenwelt. Andererseits schaffen wir es aufgrund des gefühlten Kontrollverlusts immer schlechter, abzuschalten. Wer früher von der Arbeit oder einem sozialen Kontext überfordert war und zuhause blieb, erholte sich entweder oder flog irgendwann raus – beziehungsweise verlor den Kontakt. Heute tritt oft ein langes

Zwischenstadium ein, in dem Menschen sich zurückziehen und trotzdem irgendwie verbunden bleiben. Es gibt dann keine richtige Pause und keinen Bruch, der einen Neuanfang bewirken könnte, sondern ein zähes Nicht-davon-Wegkommen. Das kann eine halbherzige Home-Office-Tätigkeit oder der Zustand nach Beendigung einer Partnerschaft sein, in dem wir trotz Trennung mehrmals am Tag die digitalen Spuren des Ex-Geliebten verfolgen. Ein solcher Zustand ist schlecht für unsere Psyche. Und aufgrund der ständigen Verbundenheit per Internet können wir solchen Situationen der Hilflosigkeit offenbar schlechter entkommen.

Ähnlich entwickelte es sich bei D.: Nachdem er merkte, dass seine Versuche scheiterten, dem Gefühl der Überwältigung durch technische Finessen beizukommen, wurde er zunehmend depressiver und zog sich zurück – was wiederum die negativen Rückmeldungen und den gefühlten Druck durch den Chef und die Kollegen, die schnellere Reaktionen und ein höheres Arbeitspensum gewohnt waren, noch verstärkte. Er blieb immer häufiger zuhause und reagierte nur, wenn er es für unbedingt nötig hielt. Trotzdem meldete er sich nicht krank, sondern versuchte, «den Anschluss» nicht zu verlieren, und wurde dabei immer erschöpfter. Schließlich sah er dann doch den einzigen Ausweg in einem radikalen Schnitt – er stieg wieder auf ein altes Klapphandy um und meldete zuhause seinen Internetanschluss ab. Derart radikale Interventionen sind immer ein zweischneidiges Schwert, da wir ja nicht besser lernen, mit etwas umzugehen, indem wir es meiden. Im Fall von D. waren jedoch diverse Versuche, seinen Zustand anders in den Griff zu kriegen, gescheitert, und das vorrangige Ziel war nun, nicht mehr ausschließlich von den Entwicklungen und Rückmeldungen am Arbeitsplatz abhängig zu sein.

In seinem Fall funktionierte das gut. Nach einer Woche, in der D. heftig zwischen nervöser Unruhe und massiver Langeweile schwankte, begann er plötzlich (seit Jahren zum ersten Mal), wieder ein Buch zu lesen. Dann baute er seinen Plattenspieler auf und verbrachte ganze Wochenenden damit, Musik zu hören und zu lesen, was er als zutiefst befriedigend erlebte. Seine Arbeit erledigte er zunehmend pragmatisch nach ihrer Dringlichkeit. Obwohl er immer noch länger blieb, als sein Vertrag vorsah, freute er sich bereits nach dem Mittagessen auf seine Bücher und die Musik zuhause. Ohne Smartphone veränderte sich auch das Verhältnis zu seiner Umwelt. Immer wieder verquatschte er sich in Buchläden und lernte plötzlich viele seiner Nachbarn kennen. Gleichzeitig merkte er, dass es ihm schwerer fiel als früher, soziale Kontakte längerfristig aufrechtzuerhalten. Im Internet konnte er immer selbst wählen, wann und wie er auf neue Herausforderungen reagierte. Er hatte gleichsam verlernt, dass direkte Kontakte mit realen Menschen anderen Gesetzmäßigkeiten folgen. Da konnte man nicht so einfach ausweichen, eine Antwort hinauszögern oder die Anfrage, beim Umzug mit anzupacken, unbeantwortet lassen.

Trotzdem zog er nach einigen Wochen mit seiner Freundin zusammen, der seine Veränderung besonders positiv aufgefallen war: Statt zu arbeiten, hatte er viele Sommerabende und -nächte mit ihr auf dem Balkon und in seiner Wohnung verbracht, und es erschien beiden nicht mehr passend, dass sie am Ende des Sommers in ihre eigenen vier Wände zurückkehren sollte. D.s Freundin bestand jedoch auf einen Internetanschluss in der gemeinsamen Wohnung, was das ursprüngliche Vorhaben einer langsamen Rückkehr zum Online-Sein in kleinen Schritten durchkreuzte. Aber D. nutzte die Möglichkeit der Gemeinschaft und entwickelte zusammen mit seiner Freundin Rituale. So vereinbarte er mit ihr, dass sie ihre Computer nur im gemeinsamen Arbeitszimmer nutzten, und sie legten den Sonntag als internetfreien Tag fest, an dem sie sich Dinge vornahmen, die ausschließlich mit der analogen Welt zu tun hatten, wie beispielsweise Wanderungen, Lesen oder Kochen. Eine Ausnahme bildete der Sonntagabend, an dem sie gemeinsam «Tatort» im Online-Stream ansahen. Ganz glatt lief es natürlich nicht, und es kam auch immer wieder zu Schwankungen und kleineren Turbulenzen. Wichtig war vor allem, dass D. lebenswerte Alternativen zu seinem Online-Leben entwickelt hatte und dass er lernte, das Gefühl der Überwältigung frühzeitig zu erkennen. Gemeinsam mit seiner Freundin hatte er eine Kultur entwickelt, in der dem Internet bestimmte Werte, aber auch klare Grenzen zugeordnet waren.

Nicht bei allen Menschen jedoch läuft es so gut wie bei

Gustav D. Deshalb brauchen wir auch auf gesellschaftlicher Ebene eine Diskussion über unsere Kultur des Umgangs mit dem Internet. Denn ein großes Missverständnis unserer Zeit besteht darin, dass es sich dabei um ein privates Problem handelt. Unser Verhältnis zum Internet kriegen wir nicht allein in den Griff. Das fängt damit an, dass wir unsere Daten im Internet noch so gut schützen können – wenn irgendeine Person unsere Adresse und unser Geburtsdatum in seinen Google-Kalender einträgt und zusammen mit einem Foto speichert, dann sind diese Daten bei Google. Und Google wird diese Informationen wahrscheinlich mit all denen verbinden, die die Firma sammelt, wenn wir Seiten besuchen, die Google Analytics benutzen. Deshalb muss es ein Bestandteil dieser Kultur sein, dass wir grundsätzlich auch die Privatsphäre anderer im Blick haben, wenn wir uns im Internet aufhalten. Ähnliches gilt für die Arbeit: Wenn unser Chef erwartet, dass wir unsere Mails am Wochenende beantworten, und diejenigen, die das nicht tun, geringere Aufstiegschancen haben, dann kann man sich dem nicht allein entziehen. Dann muss es vielmehr eine Kultur geben, in der ein solches Verhalten entweder als übergriffig gilt und dementsprechend «geächtet» ist oder in der die Erreichbarkeit am Wochenende vereinbart und entsprechend entlohnt wird.

Andererseits müssen wir nicht nur auf andere warten. In unserem direkten Umfeld können wir bereits anfangen, eine neue Kultur zu entwickeln: gemeinsam mit unserer Familie, mit unseren Freunden oder mit unseren Arbeitskollegen. Wenn kleine Kinder lernen können, durch das Singen von Liedern dem Verzehr einer appetitlichen Süßigkeit zu widerstehen, dann sollte es uns Erwachsenen doch möglich sein, ähnliche Techniken zu entwickeln, um das Internet sinnvoll zu nutzen und uns nicht davon überwältigen zu lassen. Denn genau damit steht und fällt auch die Antwort auf die Frage, wie sich das Internet auf unsere seelische Gesundheit und unser Zusammenleben auswirken wird.

Wie am Fall von Gustav D. sehr deutlich wurde, geht es nicht darum, dass alles grundlegend verändert werden muss, um das eigene Verhältnis zum Internet zu verändern. Vielmehr müssen wir mit unserem Verhalten experimentieren, um besser zu verstehen, was unseren Bedürfnissen entspricht und womit wir uns gut fühlen. Vielleicht ist das, was wir gerade tun, oft gar nicht so falsch, wir müssen nur anders darüber denken. Zuallererst geht es also darum, aufzuwachen, Bewusstsein zu erlangen und ein Gefühl dafür zu entwickeln, was wir eigentlich wollen – statt ständig darüber zu grübeln, was wir eigentlich *wollen sollten*. Wie wir an D.s Fall aber auch gesehen haben, spielt das Verhältnis zu den Dimensionen Raum und Zeit eine wichtige Rolle, ebenso wie das Verständnis der Situation und die Auswirkungen des Internets auf unsere Identität. Diese Themenbereiche erfragt der Psychiater mit Fragen zur «Orientierung», denen wir uns im folgenden Kapitel widmen wollen.

3. Online – wo ist das?

Zu Beginn einer Untersuchung, wenn der Psychiater festgestellt hat, dass der Patient wach und bei Bewusstsein ist, prüft er sein Orientierungsvermögen: Wissen Sie, welcher Tag heute ist? Wo Sie sich befinden? Warum Sie hier sind? Wissen Sie noch, wer Sie sind, wie alt Sie sind und welche Personen in Beziehung zu Ihnen stehen? Er untersucht durch diese Fragen, ob jemand zu Zeit und Ort, aber auch zur betreffenden Situation orientiert ist, wie es heißt. Zuletzt erfragt er die Orientierung zur eigenen Person.

Während zeitliche und örtliche Orientierungsstörungen leichter auftreten können, zum Beispiel unter Stress, bei großer Müdigkeit oder schon bei beginnender Trunkenheit, verlieren wir die Orientierung zur eigenen Person nicht so schnell. Technik wirkt sich auf unsere Orientierung aus und verändert sie immer – das ist nicht nur völlig normal, sondern eine überlebenswichtige Anpassungsleistung, denn mit jeder neuen Technik werden auch andere Aspekte unseres Lebens wichtig. Während Fährtenlesen nur noch in wenigen Kulturen eine überlebenswichtige Form der Orientierung ist, ist es in anderen Kulturkreisen von essentieller Bedeutung, Navigations-Apps sinnvoll nutzen zu können.

Wenn das Zeitgefühl abhandenkommt

Die zeitliche Orientierung verlieren wir am leichtesten. Viele Menschen ohne eine klinisch relevante Orientierungsstörung wissen zum Beispiel nicht die genaue Uhrzeit und auch nicht immer das genaue Datum. Das mag damit zu tun haben, dass die quantitative Zeiteinteilung nicht in der menschlichen Natur angelegt ist. Unser ursprüngliches Verhältnis zur Zeit war sehr subjektiv, wir haben das getan, was sinnvoll und notwendig war, und zwar so lange, wie es eben dauerte: Kämpfen, Essen, Schlafen – alles Tätigkeiten ohne festes zeitliches Programm. Vielleicht war es das Jagen, das Menschen zu einer Messung der Jahresabläufe bewogen hat. Da das Wetter nicht immer eine genaue Vorhersage der Jahreszeit zuließ (die ersten Blumen müssen noch längst keinen Frühling bedeuten), orientierten sich die Menschen an der Sonne, dem Mond und den Sternen. Dadurch war nun eine bessere Vorhersage beispielsweise von Tierwanderungen möglich. Später war auch die Bestimmung der rechten Zeit zur Aussaat und Ernte bedeutsam, was dann weitere Techniken wie die Vorratshaltung hervorrief und ausschlaggebend wurde für den Wandel der Menschen vom umherziehenden Jäger und Sammler zum sesshaften Bauern. Diese Veränderung war eine der ersten großen technischen Revolutionen der Menschheit: die neolithische Revolution am Beginn der Jungsteinzeit.

Wenn wir uns mit den Auswirkungen der «Digitalisierung» – also der Unterteilung unseres Lebens in «Digits» (was nichts anderes bedeutet als «Ziffernschritte») – beschäftigen, dann müssen wir zunächst einräumen, dass die erste digitale Revolution wahrscheinlich schon damals stattfand: als die Zeitmessung in Einheiten und klar definierten Schritten begann – zum Beispiel bei der Überlegung, in wie vielen «Monden» die Tiere zurückkehren werden und wann und wie man sich am besten auf die Jagd vorbereiten kann. Wahrscheinlich ist die Digitalisierung also so alt wie die menschliche Kultur. Und gleichzeitig mit der zunehmenden Strukturierung unseres Lebens durch immer genauere Zeiteinheiten dürfte auch das Bedürfnis entstanden sein, der Einteilung der Zeit in Termine und Agenden zu entkommen.

Diese Einsicht ist keine intellektuelle Spielerei – ganz im Gegenteil. Ich habe ja bereits angedeutet, dass uns das Internet wahrscheinlich deshalb so bedrohlich erscheint, weil es uns zu unseren ursprünglichen Bedürfnissen zurückführt. Wenn viele Menschen beklagen, dass ihnen im Internet das Zeitgefühl abhandenkommt, und sie stundenlang online sein können, ohne zu merken, wie die Zeit vergeht, dann ist diese Erfahrung zunächst einmal etwas sehr Ursprüngliches. Ich stimme natürlich sofort zu, dass man Kinder nicht ohne ein Maß für Zeit im Internet versinken lassen sollte. Kinder brauchen Struktur und Regeln, die ihnen die Eltern geben, das gilt für das Internet wie für andere Aspekte der Erziehung, wie zum Beispiel die Ernährung. Aber im Prinzip entspricht dieses Verhalten dem sehr natürlichen Wunsch, wenn die grundlegenden Bedürfnisse befriedigt sind, so lange unangestrengt rumzudaddeln, bis wieder etwas Wichtiges ansteht. Und im Internet geht das einfach sehr gut.

Ist es nicht seltsam, dass wir in einer Gesellschaft leben, in der es uns «natürlicher» vorkommt, dass bereits kleine Kinder einen strukturierten Tagesablauf mit ständig neuen Anforderungen meistern müssen, als dass es ihnen Spaß macht, mit einem leuchtenden Smartphone herumzuspielen und Videos zu schauen? Und auch für Erwachsene gilt, dass es schon ziemlich aufregend und gleichzeitig entspannend sein kann, im Internet den augenblicklichen Bedürfnissen nachzugehen. Wir können immer auf den gleichen altbekannten Seiten herumhängen oder neue ausprobieren. Wir können Kontakt zu jemandem aufnehmen oder auch nicht. Wir können auf Nachrichten sofort antworten oder später – alles ganz nach unseren aktuellen Bedürfnissen.

Vielleicht lässt sich der Sog des Internets deshalb ganz gut mit der Lust auf Zucker vergleichen. Evolutionär gesehen ist unsere große Lust auf Zucker nämlich sehr sinnvoll. Er führt uns schnell Energie zu und ermöglicht es uns, überlebenswichtige Reserven anzufuttern. Erst im Übermaß führt er zu schlechten Zähnen, Übergewicht und vielen damit verbundenen «Zivilisationskrankheiten» wie Diabetes oder Gefäßerkrankungen, Herzinfarkten und Schlaganfällen. Im Internet finden sich Aspekte, die so etwas wie das psychische Gegenstück zum Zucker sind.

Die Zeiten sinnlosen «Daddelns» sind Zeiten, in denen sich unsere Lust am Spiel mit eher ungezwungenen sozialen Interaktionen und wahrscheinlich auch mit einer Erholung unserer kognitiven Leistungsfähigkeit verbindet. Sie können uns neue psychische Energie verschaffen und dafür sorgen, dass unsere mentalen Reserven wieder aufgefüllt werden. Aber es kann auch zu viel des Guten werden und wir mutieren zur antriebslosen Couch-Kartoffel. Aus eigener Erfahrung weiß ich, dass mir in Zeiten harter Arbeit am Rechner regelmäßige Pausen, in denen ich mich im Internet einfach treiben lasse, sehr gut tun. In Zeiten, in denen ich weniger zu tun habe, zum Beispiel im Urlaub, geht das Herumhängen im Internet schneller in träges Sichtreibenlassen über und fühlt sich gleichzeitig deutlich weniger befriedigend an.

Genau wie beim Zucker, bei dem wir lernen müssen, bezüglich der Menge Maß zu halten, müssen wir beim Internet ein Maß für die Zeit finden. Die bekömmlichen Dosen und zuträglichen Grenzen sind dabei sehr unterschiedlich. Es scheint auch beim Internet um ein Gleichgewicht zu gehen, vergleichbar der Tatsache, dass wir die Kalorien, die wir durch Zucker aufnehmen, auch wieder verbrauchen sollten und dass Leistungssportler deutlich mehr Kalorien zu sich nehmen können als Menschen, die die meiste Zeit ihres Lebens im Sitzen verbringen.

In der Arbeit mit Menschen, die sich «im Internet verloren haben» und die deshalb oft als «internetsüchtig» bezeichnet werden, sind in der Regel zwei für die Therapie sehr wichtige Aspekte festzustellen: Zum einen gibt es für diese Menschen im Leben außerhalb des Internets kaum noch Tätigkeiten, die als lustvoll erlebt werden; zum anderen werden die Herausforderungen in der «realen Welt», in der sich die Intensität der Informationsaufnahme oder der Verlauf sozialer Interaktionen weniger gut regulieren (zum Beispiel nicht einfach «wegklicken») lässt, als übermäßig anstrengend empfunden. Um einen maßvolleren Umgang mit dem Internet zu entwickeln, müssen wir genau jenen Punkt besser verstehen lernen, an dem die Bilanz kippt und der Schritt zurück in die Welt außerhalb des Internets als zu anstrengend empfunden wird.

Das Internet stellt uns also vor die Herausforderung, wieder mehr zu unserem subjektiven Zeitempfinden zurückzukehren. Und dieses können wir nicht in Minuten oder Stunden bemessen, aber vielleicht an Veränderungen unseres Lustempfindens oder dem Gefühl innerer Unruhe. Die richtige Zeit, aufzuhören, könnte zum Beispiel erreicht sein, wenn wir eigentlich das Bedürfnis verspüren, etwas anderes zu tun, als im Internet zu sein, aber nicht genau wissen, wie wir es anstellen sollen oder uns die Herausforderung, etwas anderes zu tun, als zu groß erscheint. Diese Herausforderung zu bewältigen ist alleine deutlich schwerer als mit Hilfe anderer. Wir brauchen so etwas wie eine Großmutter, die das Internet wieder in die virtuelle Keksdose tut und diese zurück auf den Schrank stellt, sobald wir immer nörgeliger darauf reagieren, dass man uns beim Rumspielen auf dem Smartphone stört. Oder einen guten Kollegen, der sieht, wie der Kopf bei der «Internet-recherche» immer schwerer auf dem Arm lastet, und der uns sagt, dass wir vielleicht langsam genug gesurft haben. Wenn wir auf diese Weise durch Selbst- und durch gegenseitige Beobachtung wieder eine bessere zeitliche Orientierung im Internet erreichen, werden diese externen Hilfsmittel wahrscheinlich irgendwann nicht mehr notwendig sein, weil wir das Prinzip verinnerlichen. Und wie gut Sie sich diesbezüglich schon kennen, das können Sie gleich ausprobieren – denn wie in der Einleitung angekündigt, finden Sie jetzt ein Experiment zu genau der Frage, wann subjektiv der Punkt erreicht ist, an dem Sie merken, dass Sie nun lange genug im Internet gewesen sind.

Experiment 1
Was ist anders an der Zeit im Internet?

Suchen Sie sich einen freien Tag aus, zum Beispiel einen Sonntag. Wenn Sie Familie haben, sprechen Sie sich ab und warten Sie, bis Ihr Partner oder Ihre Partnerin mal mit den Kindern weggefahren ist. Es ist wichtig, dass Sie sich vollständig darauf einlassen, den ganzen Tag im Internet zu verbringen. Denken Sie nicht an die Dinge, die Sie alle erledigen könnten oder müssten. Der Versuch ist wichtig, um Ihr Verhältnis zum Internet zu klären. Sorgen Sie vorher dafür, dass ausreichend Nahrungsmittel zur Verfügung stehen, und legen Sie sich einen Block oder ein Blatt Papier bereit.

Wenn Sie dann an Ihrem freien Tag aufstehen, so gehen Sie sofort ins Internet und tun Sie, was Sie dort am liebsten machen. Schauen Sie Videos, lesen Sie Zeitung, sortieren Sie E-Mails, re-installieren Sie ein paar Programme – einfach das, wonach Ihnen gerade ist. Was immer es ist: Wenn Sie das Bedürfnis verspüren, etwas anderes zu tun, als im Internet zu sein, so schreiben Sie es auf – am besten mit Uhrzeit. Also zum Beispiel: «11:30 Uhr: duschen», «13:00 Uhr: endlich Kaffee trinken», «15:00 Uhr: mit irgendjemandem sprechen», «17:00 Uhr: nochmal rausgehen, bevor es dunkel wird» und so weiter. Notieren Sie auch, für welche Tätigkeiten Sie Ihre Aktivitäten im Internet unterbrechen und wie lange. Sind es nur die gefühlt «notwendigen» (z. B. Duschen und Essen)? Oder entsteht in Ihnen irgendwann das Gefühl, dass Sie schon gerne etwas anderes machen würden, zum Beispiel Joggen oder Freunde treffen, sich dazu aber nicht aufraffen können?

Versuchen Sie, Ihre Schuldgefühle beiseitezulassen, und prüfen Sie sich: Haben Sie vielleicht während der Woche so viel mit Menschen zu tun gehabt, dass es Ihrem «autistischen Bedürfnis» völlig gerecht wird, einfach weiter Videos anzugucken, statt mit Ihren Freunden Tischtennis im Park zu spielen? Sie dürfen das heute – Sie sind niemandem etwas schuldig. Nur, schreiben Sie so gut wie möglich auf, wie es Ihnen dabei geht.

Wenn es Sie zu einem besseren Familienmenschen und leistungsfähigeren Arbeitnehmer macht, einen Tag die Woche – vielleicht auch nur für einige Stunden – im Internet einfach Ihren Bedürfnissen zu folgen, statt auch in dieser kurzen Freizeit den gesellschaftlichen Anforderungen, ein sozialer und sportlicher Mensch zu sein, zu genügen, dann ist das Ihr gutes Recht. Aber prüfen Sie, ob Sie irgendwann einen Punkt erreichen, an dem Sie eigentlich lieber etwas anderes täten. Merken Sie sich, was es ist, und entwickeln Sie für Ihren Alltag Rituale, die Ihnen dabei helfen, diese Dinge dann auch zu tun – zum Beispiel einen internetfreien Sonntag. Oder auch, wie André Wilkens in seinem Buch «Analog ist das neue Bio» vorschlägt, einen internetfreien Tag an Ihrem Arbeitsplatz, an dem Sie mal all die Dinge tun, zu denen Sie sonst nicht kommen, weil Sie mit irgendetwas im Internet beschäftigt sind. Und tun Sie das gemeinsam mit anderen, so wie Gustav D., dann lässt es sich am besten umsetzen.

Nun drehen Sie das Experiment um: Verbringen Sie wieder einen Tag möglichst mit sich allein, und zwar zuhause oder an Ihrem Arbeitsplatz, und verzichten Sie völlig auf das Internet. Wann ist Ihr Bedürfnis, ins Internet zu gehen, am stärksten? Und warum? Wird Ihnen gerade alles um Sie herum zu viel oder ist Ihnen einfach nur langweilig? Vielleicht ist das Internet bisher auch immer ein guter Grund gewesen, die Dinge aufzuschieben, die sich alle angesammelt haben? Wenn das so ist, dann haben Sie die Wahl: Entweder Sie tun diese Dinge und schauen, wie es sich anfühlt, plötzlich ohne Internet «effektiv» zu sein, oder Sie lassen es. Wenn Sie es tun: Lohnt sich die Anstrengung? Fühlen Sie sich nachher besser und befreiter? Wenn Sie sich trotz des fehlenden Internets davon freistellen – nur für diesen einen Tag (denken Sie daran, der Versuch ist wichtig) –, dann schauen Sie, was Sie an einem freien Tag ohne Internet tun, wenn Sie sonst keine Verpflichtungen haben.

Fragen Sie sich nun: Wovon hält das Internet mich ab? Welche dieser Dinge sind wirklich wichtig? Hilft das Internet Ihnen vielleicht dabei, Aufgaben, die eigentlich völlig sinnlos sind, so lange vor sich herzuschieben, bis sie sich von selbst erledigt haben? Dann wäre es doch eigentlich grundvernünftig, viel Zeit im Internet zu verbringen. Setzen Sie sich dann zeitliche Regeln und schaffen Sie sich Rituale in Ihrem Leben, um die wirklich wichtigen Dinge unmittelbarer abzuarbeiten. Erlauben Sie sich in der verbleibenden Zeit aber ruhig immer wieder einmal etwas «sinnloses» Rumhängen im Internet, so, wie Sie sich etwas Süßes oder ein Bier gönnen, wenn Sie etwas geschafft haben. Erinnern Sie sich daran, was Ihnen in der Zeit ohne Internet am meisten gefehlt hat, und tun Sie eine Weile genau das – genießen Sie es einfach.

Wenn der Ort, an dem wir sind, egal wird

Gilt der festgestellte Orientierungsverlust nicht nur in zeitlicher, sondern auch in räumlicher Hinsicht? Eine kleine, nichtrepräsentative Untersuchung bei Berliner Taxifahrern zeigte zwar, dass diejenigen, die es gewohnt sind, ohne Navi durch Berlin zu fahren, und die Straßen kennen, schneller zum Ziel kommen und Hindernisse geschickter umfahren (wenn sie es wollen). Aber es gibt auch Anzeichen, dass das Navigieren mithilfe von Navigationsgeräten oder Apps die Orientierung verbessert. Auf jeden Fall für jene Menschen, denen dies ohne technische Hilfe schwerfällt. Ich erinnere mich, wie meine Analytikerin sich mit Anfang achtzig ein Smartphone kaufte mit dem Argument, sie sei beeindruckt von einem Bekannten, der sich mit seinem Smartphone auf den gemeinsamen Städtereisen so gut zurechtfinde. Dabei scheint uns das Smartphone nicht einfach nur die Arbeit abzunehmen, sondern es kann uns auch dabei helfen, ein besseres räumliches Verständnis zu entwickeln. Wie Untersuchungen ergeben haben, ist das jedoch dann am ehesten der Fall, wenn wir uns nicht – wie vor allem beim Autofahren üblich – die Route auf der Karte vorgeben lassen, sondern wenn wir uns nur die Karte und darauf Standort und Zielort anzeigen lassen, die Route von hier nach dort aber selbst auf der Karte finden. Folgen wir lediglich einer bereits vorgegebenen Route, dann lernen wir dabei offenbar weniger. Probieren Sie das doch mal in Ihrer eigenen Stadt aus und suchen Sie sich neue Wege zwischen Orten, an denen Sie sich häufig befinden. Insbesondere wenn Sie dies zu Fuß tun, werden Sie bald merken, dass sich Ihr räumliches Verständnis davon, was zwischen diesen Orten liegt, sehr verändert.

Viel wichtiger scheint mir aber eine Frage zu sein, die häufig anekdotisch thematisiert wird, psychiatrisch jedoch bisher nahezu gar nicht untersucht wurde: der immer weiter fortschreitende Bedeutungsverlust der Dimension Raum für unsere Orientierung im Leben. Es ist ein Gemeinplatz gut gemeinter Burnout-Literatur geworden, dass es uns stresst, ständig und überall erreichbar zu sein. Gemeint damit ist vor allem die Entgrenzung der Arbeit, die nun zunehmend auch eine Rolle spielt, wenn wir uns nicht am Arbeitsplatz befinden. Vernachlässigt wird dabei die Tatsache, dass immer mehr Arbeitnehmer auch einen immer größeren Teil ihrer Arbeitszeit mit privaten Aktivitäten in den sozialen Medien verbringen. Dabei hat die Entgrenzung des Privaten in die berufliche Welt hinein meiner Erfahrung nach mindestens genauso schwerwiegende Folgen: Wer während der Arbeit immer wieder private Kontakte pflegt und parallel zur Büroarbeit zum Beispiel einen Ehestreit per E-Mail fortsetzt, wird auch Kollegen gegenüber anders auftreten – häufig emotionaler und unprofessioneller. So potenzieren sich die Probleme meiner Patienten oft, weil es nicht nur an einem Ort in ihrem Leben zu Konflikten kommt, sondern an allen. (Andererseits gibt es diejenigen, die am Arbeitsplatz aufblühen, weil sie sich immer mal wieder mit ihrer neuen Liebe Textnachrichten schreiben. Aber diese Leute kommen meistens nicht zu mir in die Therapie.)

Irgendwann verschwimmen dann die Grenzen, und Kollegen werden zum Beispiel per E-Mail angegriffen, als ob sie nahe Angehörige wären. Auch der private Bereich stellt keinen Rückzugsort mehr vor dem Arbeitsstress dar, vielmehr setzen sich die ursprünglich dort angesiedelten Konflikte in die Familie hinein fort. Da thematisiert zum Beispiel jemand, der sich bei seiner Arbeit nicht ausreichend wertgeschätzt fühlt, auch gegenüber der Familie ständig, dass seine Leistungen nicht genügend honoriert werden. Vielleicht kennen auch Sie diese ärgerlich-fordernden E-Mails von Kollegen am Sonntagabend, die irgendwie so klingen, als ob die beiden «freien» Wochenendtage wieder einmal eine einzige Enttäuschung waren und die Betreffenden in Diskussionen über die Arbeit ein Ventil für Stress in ihrem Privatleben suchen. Genauso berichten mir Menschen von wütenden E-Mails, in denen sie – noch vom Dienst-Rechner aus – mit dem Partner oder der Partnerin «abrechnen», nachdem sie eine unangenehme Unterredung mit ihrem Chef hatten. Auch früher hat sich die Stimmung während der Arbeit auf die Stimmung zuhause ausgewirkt und andersherum, aber nie waren beide Bereiche so stark miteinander vernetzt und verwickelt wie heute.

Anhand unseres Fallbeispiel aus dem ersten Kapitel, Gustav D., lässt sich das gut beobachten: Während der Arbeit erhielt er über die sozialen Medien die neuesten Updates aus den Leben seiner privaten Bezugspersonen, und noch kurz vor dem Einschlafen checkte er die E-Mails von Kooperationspartnern aus San Francisco, die sich gerade nach dem Mittagessen wieder an den Schreibtisch gesetzt hatten. Der Ort spielt für das, was wir gerade tun, immer weniger eine Rolle. Alles drängt sich in der Zeit, von der es immer weniger zu geben scheint. Viele Menschen haben den Eindruck, dass sie sich nicht mehr zurückziehen können und damit die Möglichkeit verlieren, durch einen Ortswechsel Kontrolle über die Interaktion mit der Umwelt auszuüben.

Diese Veränderung ist nicht per se schlecht. Immanuel Kant hat Königsberg sein Leben lang nicht verlassen und hatte in seinem Kopf trotzdem genügend Raum, um das Denken von Grund auf zu revolutionieren. Von Bedeutung ist vielmehr, dass sich mit der Veränderung der räumlichen Verankerung unseres Lebens auch die Struktur zwischenmenschlicher Beziehungen wandelt, und zwar momentan ziemlich schnell. Termine etwa waren vor der allgemeinen Verbreitung von Mobiltelefonen etwas «Festes». Hatte man eine Verabredung, traf man sich zu einer vorher vereinbarten Zeit an einem festgelegten Ort. Mittlerweile kann ein Termin noch kurz vorher ausfallen oder an einem völlig anderen Ort stattfinden. Immer häufiger erfahren wir das im beruflichen Kontext per Mail und im privaten Kontext über eine Messaging-App. Es gilt als völlig selbstverständlich, dass wir unsere Nachrichten jederzeit und an jedem Ort erhalten und abfragen. Dadurch verbringen wir immer mehr Zeit damit, die Dinge, die an immer mehr Orten gleichzeitig unser Leben betreffen, zu synchronisieren. Ständig gibt es neue Informationen von irgendwoher, die berücksichtigt werden müssen, permanent unterziehen wir uns Updates. Sicher werden wir uns eines Tages auch daran gewöhnen – aber aktuell bereitet dieser Wandel vielen Menschen, mit denen ich gesprochen habe, Schwierigkeiten. Die Tatsache, dass Mitmenschen, Tätigkeiten und Gefühle nicht mehr bestimmten Orten zugeordnet werden können, macht es einigen schwerer, den Überblick und damit die Kontrolle über ihr Leben zu bewahren. Und da alles so unmittelbar kommt, ist es anstrengend, immer wieder die Dringlichkeit richtig einzuschätzen – stattdessen ist man dann dauernd irgendwie in Bereitschaft.

Werden wir uns an die Aufhebung dieser Trennung gewöhnen, neue «Resistenzen» entwickeln und uns trotzdem entspannen? Oder müssen wir räumliche Grenzen einführen, um unser Leben wieder besser zu strukturieren? Beides wird eine Weile dauern, Anpassungsprozesse brauchen ihre Zeit. Trotzdem können Sie schon jetzt ausprobieren, wie sich eine räumliche Strukturierung Ihrer Internetnutzung auswirken könnte. Und anhand dieser Erfahrungen können Sie Ihre eigenen Bedürfnisse erkunden und davon ausgehend Rituale entwickeln.

Im zweiten Experiment geht es um die Wiedereinführung räumlicher Grenzen beim Schreiben von E-Mails. Damit Sie mögliche Auswirkungen besser einschätzen können, möchte ich Ihnen vorweg kurz von meinen eigenen Erfahrungen mit diesem Experiment berichten, auch um Ihnen zu vermitteln, welche Risiken und Nebenwirkungen solche Experimente haben können. Als ich 2015 offiziell mit dem Aufbau meiner Arbeitsgruppe zum Thema «Internet und seelische Gesundheit» an der Charité begann, wollte ich zunächst vieles an mir selbst ausprobieren. Dabei brachte ich unsere IT-Abteilung offenbar immer wieder an ihre Grenzen. Ich bat zum Beispiel darum, dass mein E-Mail-Account nur von innerhalb des Charité-Netzwerkes zugänglich gemacht würde – ähnlich wie bei einigen großen Firmen, die versuchen, ihre Mitarbeiter vor übermäßigem Stress zu schützen, indem sie ihnen zu bestimmten Zeiten den Zugang zu ihren E-Mails verwehren. Vielleicht fand das nur in meinem Kopf statt, aber ich hatte bei meinem Anruf beim IT-Support sofort das Gefühl, im Unterton der Mitarbeiter zu hören, dass ich ja wohl ein Problem haben müsse. Hatte ich dann auch. Denn nach der Änderung konnte ich zwar wie gewünscht nur noch innerhalb des Charité-Netzwerkes auf meine E-Mails zugreifen – also nicht mehr von unterwegs oder von zuhause –, aber ich konnte auch nur noch E-Mails von Charité-internen Absendern empfangen. Alle anderen wurden vom System der Charité abgelehnt.

Das wusste ich aber nicht. Ich war gerade im Begriff,

mich bei verschiedenen Stiftungen um eine weitere und umfangreichere Förderung zu bewerben. Eine davon war die Daimler und Benz Stiftung. Ich kam von einem Seminar in Heidelberg und machte Zwischenstopp in Ladenburg, wo sich in der ehemaligen Villa von Carl Benz und seiner Familie der Hauptsitz der Stiftung befindet. Nachdem der Geschäftsführer der Stiftung mir Kaffee angeboten hatte, meinte er freundlich: «Ich habe noch versucht, auf Ihre E-Mail zu antworten, aber trotz mehrerer Versuche kam meine Antwort immer wieder zurück – ist vielleicht mit Ihrem E-Mail-Account bei der Charité etwas nicht in Ordnung?» Zwar ging alles gut (obwohl ich nicht mehr genau weiß, wie ich seine Frage beantwortete), aber meinen Patienten, mit denen ich dieses Experiment in der Folge unternahm, wollte ich ähnlich unangenehme Situationen ersparen, weshalb ich eine vereinfachte Version entwickelt habe.

Experiment 2
Wiedereinführung räumlicher Grenzen

Das Folgende dürfen Sie natürlich nur tun, wenn es mit den Sicherheitsstandards Ihres Arbeitgebers und Ihren Verpflichtungen als Arbeitnehmer vereinbar ist.

• Entwickeln Sie ein zwölfstelliges Zufallspasswort, das Sie sich nicht im Kopf merken können – zum Beispiel durch wildes Herumtippen auf der Tastatur unter gelegentlicher Hinzunahme der Shift-Taste –, und geben Sie dieses als neues Passwort für Ihren Arbeits-Account ein.

• Hinterlegen Sie das Passwort irgendwo an Ihrem Arbeitsplatz, so dass Sie nur noch dort auf Ihre E-Mails zugreifen können. Drei verschiedene Anwendungen haben sich bisher als praktikabel erwiesen:

   1. Wenn Sie einen eigenen Rechner am Arbeitsplatz haben, können Sie das Passwort einfach in Ihr E-Mail-Programm einspeichern, so dass Sie es nicht mehr jedes Mal eingeben müssen. Sie sollten es zusätzlich in einem verschlüsselten Text-File irgendwo auf Ihrem Rechner sichern, falls Sie es aus dem E-Mail-Programm nicht mehr auslesen können.

   2. Wenn Sie ein Login-Profil ohne eigenen Rechner und ohne E-Mail-Programm haben, aber mit einem eigenen virtuellen Ordner, zum Beispiel für Dokumente, auf den nur Sie Zugriff haben, dann können Sie Ihr Passwort in einem verschlüsselten Text-File speichern und dort sichern. Wann immer Sie Ihre E-Mails lesen wollen, öffnen Sie dann an Ihrem Arbeitsplatz diesen File und kopieren das Passwort herüber.

3. Wenn Sie nichts von alldem haben, dann haben Sie hoffentlich zumindest eine eigene abschließbare Schublade oder einen Spind. Schreiben Sie sich das Passwort auf und schließen Sie es ein.

Variante 2 und 3 haben zudem den Vorteil, dass Sie Ihre E-Mails auch während der Arbeitszeit nicht ständig abfragen und so vielleicht konzentrierter arbeiten können.

Noch effektiver wird die Übung, wenn Sie das Gleiche mit Ihren privaten E-Mails und Social-Media-Accounts machen und die dazugehörigen neuen Zufallspasswörter auf Ihrem Rechner zuhause einspeichern – mithin Ihre privaten Nachrichten nur zuhause empfangen.

Wie verändert die räumliche Trennung der privaten und beruflichen Internetkommunikation Ihr Verhältnis zur Arbeit? Und zu Freunden und zur Familie? Lassen Sie sich etwas Zeit, bevor Sie ein abschließendes Urteil fällen! Ich war, als ich den Versuch an mir selbst durchgeführt habe, die ersten zwei Wochen ziemlich in Sorge, irgendetwas Wichtiges zu verpassen. Erst als sich zunehmend das Gefühl einstellte, dass die Arbeitskommunikation gar nicht so wichtig ist, fing ich an, mich zuhause entspannter auf andere Dinge konzentrieren zu können und teilweise das ganze Wochenende gar nicht an die Arbeit zu denken.

Und dann passierte etwas, was mich sehr überraschte: Ich begann montags früh, mich auf meine dienstlichen E-Mails, die ich schon seit längerem eigentlich als primär nervig empfunden hatte, zu freuen! Ich wurde richtig neugierig, welche Herausforderungen mich zum Wochenstart erwarten könnten. Erinnern Sie sich an das Gefühl aus der Zeit, bevor Sie ein Mobiltelefon hatten: nach Hause zu kommen und aufgeregt zu sein, welche interessanten Nachrichten Sie wohl auf Ihrem Anrufbeantworter erwarten könnten? So in etwa fühlte sich das bei mir an. Aber natürlich ist das bei jedem anders. Einige aus meinem privaten Umfeld, die dieses Experiment mitmachten, wurden nervöser, weil sie ihre E-Mails am liebsten am Sonntagnachmittag abarbeiteten, um montags unbeschwert und «einen Schritt voraus» in die neue Woche starten zu können. Aber auch hier waren Variationen möglich, zum Beispiel, einen schönen Sonntag mit der Familie zu verbringen und dann noch für zwei Stunden ins Büro zu fahren und E-Mails abzuarbeiten, bevor dann der gemeinsame Sonntagabend zuhause mit einem Familienvideo ausklingt. Aber die wichtigste Frage an Sie bei dem Experiment ist: Wie viel räumliche Trennung brauchen Sie für einen guten Umgang mit dem Internet und wie können Sie diese praktikabel herstellen? Die Ergebnisse dieses Experiments können Sie dann gut auf andere Lebensbereiche und Nutzungsformen übertragen, etwa Räume in der gemeinsamen Wohnung, in denen das Internet nicht genutzt wird, oder einen Lesesessel als ausschließlichen und einzigen Ort, um am Abend ein Buch oder morgens auf dem Tablet die Zeitung zu lesen.

Die Situationen im Netz können unübersichtlich sein

Außerhalb des Internets und in nüchternem Zustand passiert es gesunden Menschen eher selten, dass sie nicht genau wissen, in welcher Situation sie sich gerade befinden. Situationen entstehen durch ein Zusammenspiel unserer selbst und der Umwelt, und meistens ist unser Geist flink genug, den Übergang von einer Situation in die andere mitzuverfolgen oder sich zumindest schnell wieder zurechtzufinden. Im Internet vollziehen sich situative Veränderungen manchmal schneller, als wir das nachvollziehen können. Plötzlich geraten wir in einen Shitstorm, und die Menschen, mit denen wir uns eben noch gut verstanden zu haben schienen, beschimpfen uns für Dinge, die wir selbst überhaupt nicht mit uns in Verbindung bringen.

Als wir damals die Fallstudie zu Twitter und Psychose veröffentlichten, hatten wir in den Aufsatz eine Anekdote zu dem englischen Wissenschaftskritiker Ben Goldacre eingebaut, den ich bis dahin sehr bewundert hatte. Um auszuprobieren, was für Spam man bekommt, wenn man auf Twitter an eine in der Öffentlichkeit bekannte Person schreibt – genau so, wie es die Patientin in unserer Fallstudie getan hatte –, schrieben wir von einem experimentellen Account aus eine Nachricht an Goldacre und berichteten in der Fallstudie, welchen Spam wir als Reaktion darauf erhalten hatten. Zu meiner Überraschung verstand Goldacre die Erwähnung seiner Person nicht als Kompliment, sondern beteiligte sich (vor dem Publikum seiner mehreren hunderttausend Twitter-Follower) an dem Shitstorm gegen mich. Ein Kollege hatte mich während der ärgsten Phase des Twitter-Sturms beruhigt und mir von Godwin's law («Godwins Gesetz») erzählt, welches besagt, dass sich mit zunehmender Länge einer Online-Diskussion die Wahrscheinlichkeit für einen Vergleich mit den Nazis oder Hitler dem Wert eins annähert – und dass sich nach diesem Tiefpunkt die Stimmung erfahrungsgemäß oft dreht. In meinem Fall kam der entsprechende Beitrag von Goldacre, der nach der Ethikkommission fragte, die mir erlaubt habe, an ihm zu experimentieren, und dann den Vergleich zu den Nürnberger Ärzteprozessen zog. Und dann drehte sich nach kurzer Zeit die Diskussion wirklich.

Zu dem Zeitpunkt jedoch, an dem Goldacre mir vor einem digitalen Publikum von mehreren hunderttausend Menschen wissenschaftlich unethisches Verhalten unterstellt und indirekt eine Beziehung zu dem Verhalten deutscher Nazis gezogen hatte, konnte ich mir die Situation, in der ich mich befand, nicht mehr erklären. Die Menschen, die mir von unangenehmen Situationen im Internet erzählen, berichten mir ähnliche Geschichten. Plötzlich befinden sie sich in einer Situation, die sie nicht mehr verstehen, weil sich ihre Umwelt von einem Moment auf den anderen verändert hat. Dieser Aspekt des Internets ist verstörend und einer der Hauptgründe, warum mir das Internet in seiner aktuellen Form manchmal immer noch Unbehagen bereitet. Zu dieser situativen Instabilität müssen wir uns verhalten und aktiv ein Internet gestalten, in dem wir und unsere Mitmenschen nicht einer solchen Form von Überwältigung ausgesetzt sind.

Natürlich können wir uns auch an solche Dynamiken gewöhnen – aber jeder, der mir von vergleichbaren Situationen berichtete, beschrieb einen in zweifacher Hinsicht unangenehmen Prozess: Zum einen verlor die Kommunikation mit den anderen ihre vorherige positive Emotionalität und andererseits wurde die Reaktion auf gefühlte Angriffe durch andere zunehmend härter. Das kannte ich gut aus meiner Saisonalitätsforschung: Wenn die Umweltbedingungen unfreundlicher und bedrohlicher erscheinen, reagieren wir empfindlicher, aber weniger differenziert. In der Steinzeit hat uns das in kargen Zeiten vermutlich das Überleben gesichert – im Internet verdirbt es uns immer mehr die eigentlich positiven Möglichkeiten zur offenen Kommunikation miteinander. Wir kennen diese Entwicklung mittlerweile auch aus der unsympathischen Kommunikationskultur im Netz, wie wir sie während der Debatte über nach Deutschland geflüchtete Menschen erleben. Dabei meine ich durchaus die Aggressionen auf beiden Seiten des Grabens, der sich durch die Diskussionen zu diesem Thema zieht. Wenn wir dieses Netz nicht wollen, müssen wir «Kulturbotschafter» werden und unsere kulturellen Überzeugungen aus der Welt außerhalb des Internets aktiver innerhalb des Internets vertreten.

Experiment 3
«Kulturbotschafter» im Internet

Kennen Sie dieses eigenartige Gefühl, wenn Sie über das Internet mit älteren Menschen kommunizieren, die diese Technik gerade erst für sich entdeckt haben? Mit Menschen, die E-Mails so formal schreiben, als handle es sich um Briefe? Und die Ihnen auf Ihrer Facebook-Wall Sachen posten, die die Rückseite einer erlesenen Postkarte sein könnten? Verhalten Sie sich doch eine Weile genau so! Sie müssen nicht den gleichen altbackenen Ton anschlagen wie Ihre Großmutter, aber bleiben Sie bei Ihren «guten Umgangsformen». Tragen Sie diese ins Netz und schauen Sie, wie es sich anfühlt und wie andere auf Sie reagieren. Sie können sich zum Beispiel auch einen formaleren Umgangston in E-Mails angewöhnen und dabei auf kurze, sachliche Inhalte achten. Verändern sich die Reaktionen Ihrer Kollegen? Werden diese respektvoller oder gar freundlicher? Und fühlen Sie sich dadurch in Diskussionen weniger angreifbar, ohne gleich auf Ihren freundlichen Ton verzichten zu müssen?

Wir haben die Umgangsformen, die wir außerhalb des Internets nutzen, über Jahrtausende kultiviert und so die Situationen, die uns im Alltag begegnen, vorhersehbarer und für die Allgemeinheit erträglicher gemacht. Das Internet war in den ersten Jahren von einem Pioniergeist geprägt, der viele Menschen zu dem Gedanken verleitete, man könne mit weniger komplizierten Umgangsformen und mit pragmatischen Grundregeln auskommen (Stichwort «Netiquette»). Aber was für eine kleine Gruppe technikaffiner Idealisten funktionierte, scheint für größere

Gruppen leider unzureichend zu sein. Die Kulturtechniken, die sich aktuell im Internet verbreitet haben, sind aus meiner Sicht jedenfalls oft noch sehr rudimentär. Tragen Sie also als «Kulturbotschafter» die differenzierteren Umgangsformen aus der Welt vor dem Bildschirm in das Internet und beobachten Sie, wie sich die Situationen, in denen Sie sich dort erleben, dadurch verändern. Vielleicht begegnen Sie zufällig noch ein paar anderen Menschen, die gerade genau dieses Experiment durchführen, und das Internet um Sie herum verändert sich auf einmal viel schneller, als Sie es erwartet hätten. Wenn sich unser Umgang im Internet durch Rituale und Übereinkünfte darüber, wie wir miteinander umgehen wollen, wieder etwas mehr der Realität außerhalb des Internets annähert, dann werden wir auch seltener unvorhergesehene und unangenehme Situationen erleben.

Um die von großen Konzernen gepflegten Umgangsformen und Praktiken zu verändern, benötigen wir allerdings die Unterstützung der Politik. Anbieter wie Facebook bieten so vielen Menschen eine Plattform, dass sie ein Monopol haben, dem einzelne Nutzer oder kleine Gruppen nicht gewachsen sind. Wir können jedoch durch unser Konsumverhalten bereits deutlich darauf Einfluss nehmen. Treten Sie doch einmal aus den kommerziellen sozialen Netzwerken aus und gründen Sie eigene mithilfe von *Open-source*-Angeboten, die die Daten ihrer Nutzer nicht klauen und kommerziell vermarkten. Die Webseite *prism-break.org* liefert beispielsweise eine Übersicht zu solchen Angeboten. Am Anfang wird es sicherlich etwas Arbeit machen und Sie werden auch einige Freunde überzeugen müssen, Sie zu begleiten.

Wer bin ich und wer will ich sein?

In der psychiatrischen Untersuchung geht es bei der Orientierung zur Person um sehr basale Fragen, zum Beispiel, ob man seinen eigenen Namen kennt oder wichtige Bezugspersonen erkennen und benennen kann. Für uns viel interessanter in diesem Zusammenhang ist die Frage nach den Auswirkungen auf die *Identität*, also auf die persönlichen Ideale und Überzeugungen oder die sexuelle Orientierung. Denn hier hält das Internet einige besondere Überraschungen bereit. Relativ gut bekannt ist die Geschichte von der englischen Supermarktkette *Target*, die ihre Werbung perfektionieren wollte und einen sehr einfachen Algorithmus fand, um schwangere Frauen frühzeitig zu erkennen und ihnen passende Angebote zu schicken. In der Reportage des *New-York-Times*-Journalisten Charles Duhigg ging es um einen Vater, dessen Tochter im Teenageralter von der Supermarktkette Werbeangebote für Kinderkleidung geschickt bekommen hatte und der sich bei einem Manager beschwerte, ob man seine Tochter zu einer Teenagerschwangerschaft motivieren wolle. Einige Tage später habe sich der Vater telefonisch entschuldigt – seine Tochter sei wirklich schwanger. Und das Computersystem einer Supermarktkette wusste es *vor* ihrem eigenen Vater. Ähnliche Geschichten kursieren auch über homosexuelle Männer, die schon auf ihre sexuelle Orientierung ausgerichtete Werbung in den sozialen Medien erhalten haben sollen, bevor sie sich selbst dessen bewusst waren.

Eine solche Technik lässt natürlich auch Raum für Manipulationen – zum Beispiel der politischen Überzeugung. Ein intelligentes Computersystem, das die politischen Äußerungen einer Person in den sozialen Medien analysiert und die Ursachen für politische Meinungsänderungen nachvollzieht, kann solche Änderungen womöglich auch gezielt hervorrufen. Das Wahlkampfteam von Barack Obama hat diese Technik 2012 im Wahlkampf um die US-Präsidentschaft genutzt, um unentschlossene Wähler und ihre Anliegen zu identifizieren und über soziale Medien gezielt einen auf die einzelnen Menschen ausgerichteten Wahlkampf zu betreiben. So etwas mag als legitimes Mittel in einem äußerst hart geführten Wahlkampf erscheinen, aber es ist auch ein Ansatz zur Manipulation, der genauso jeder anderen Person oder Organisation offensteht, die über ausreichende finanzielle Mittel verfügt.

Eine ähnliche Vorgehensweise beschreibt der US-amerikanische Psychologe Nir Eyal in seinem Buch «Hooked». Dort können Sie nachlesen, wie man Apps so programmiert, dass sie Kunden durch gezielte Manipulation anlocken und binden. So wird uns etwa suggeriert, dass die App Befriedigung verschaffen oder Probleme lösen kann. Durch geschicktes Design der Apps werden wir dann durch wenige Klicks in das Innere ihres digitalen Universums gelockt. Durch wohldosierte Unterhaltung und Belohnungen wird unsere Aufmerksamkeit gehalten, und wir werden abhängig gemacht. Das klingt gespenstisch, ist aber meiner Ansicht nach nur bedingt wahr. Während des Studiums habe ich manchmal morgens mit einem Kaffee vor dem Wohnheim auf den Zeitungsausträger gewartet, weil ich mich so auf die morgendliche Zeitungslektüre gefreut habe. Gleichzeitig haben mich Radio und Fernsehen gar nicht interessiert. Und auch heute gehe ich zwar oft direkt nach dem Aufstehen ins Internet, aber mich verführt dort keine genial-manipulative App, sondern das Online-Portal der FAZ. Und das geht nicht nur mir so – ich konnte bei niemandem, mit dem ich gesprochen habe, die Abhängigkeit von einer Social-media-App feststellen. Damit will ich die Tatsache der versuchten Manipulation nicht schönreden. Dass Unternehmen perfide psychologische Strategien entwickeln, um ihren Gewinn zu steigern, ist nicht zu rechtfertigen. Aber sie unterscheiden sich damit nicht von Unternehmen außerhalb des Internets. Von Marketing-Experten aus dem Umkreis der Automobilindustrie etwa wird schon länger vor einer «Ent-Emotionalisierung des Automobils» gewarnt. Nicht nur die Religion hat das Zeug zum «Opium des Volks», wie Karl Marx das nannte.

Es gibt Menschen, die gerne shoppen und ständig auf eBay sind, und es gibt andere, die morgens sofort wissen wollen, was bei ihren Freunden los ist. Welche Bedurfnisse da durch die jeweiligen Unternehmen erzeugt wurden, welche den gesellschaftlichen Konventionen und welche den wirklichen Bedürfnissen des Einzelnen entsprechen –

wer will das letztlich entscheiden. Die wichtigste Voraussetzung, um sich sinnvoll gegen Manipulation wehren zu können, ist aus meiner Sicht, verschiedene Aspekte der eigenen Persönlichkeit in möglichst vielen verschiedenen Kontexten auszuprobieren und auf diese Weise herauszufinden, womit man sich am wohlsten fühlt. Und dafür bietet das Internet nun wirklich großartige Möglichkeiten.

Experiment 4
Ihr digitales Alter Ego

Wenn sich jemand bei mir über die vielen Selbstdarsteller in seinem Freundeskreis auf Facebook beschwert, dann frage ich zunächst einmal, warum er denn mit ihnen befreundet ist. Oft gibt es dafür aber diverse Gründe, die sich nicht so einfach aus der Welt schaffen lassen. Deshalb heißt es dann, besser damit umgehen zu lernen. Dazu empfehle ich, doch einmal selbst auszuprobieren, wie es sich anfühlt, Selbstdarsteller zu sein. Oft nämlich weniger gut, als man denkt. Die Selbstdarstellung führt nur selten in vollem Umfang zur erhofften Anerkennung, sondern erzeugt Spott und Verunsicherung, was den Versuch nach sich zieht, sich noch besser darzustellen, was oft wiederum als Angeberei gedeutet und mit Ablehnung bedacht wird. Andererseits kann hemmungsloses Angeben mit einem Fake-Account und ganz neuen Freunden auch wahnsinnig Spaß machen. Und wenn es sich um geschlossene Zirkel handelt, können Sie selbst unter Ihrer realen Identität in verschiedenen Umfeldern völlig unterschiedlich auftreten, indem Sie beispielsweise Facebook für Ihre Arbeitskollegen und entfernteren Freunde nutzen und die Facebook-Alternative «Diaspora*» für die Leute, mit denen Sie gemeinsam für den Veganer-Marathon trainieren.

Mein Vorschlag für dieses Experiment ist: Schaffen Sie sich ein digitales Alter Ego, mit dem Sie – im Rahmen des rechtlich und moralisch Vertretbaren – Ihre *eigentlichen* Bedürfnisse auskundschaften. Denken Sie sich einen guten Namen dafür aus und verändern Sie diejenigen Eigenschaften, mit denen Sie schon immer experimentieren wollten. Zum Beispiel das Geschlecht. Als ich Ende der 1990er Jahre zum ersten Mal einen Chat-Raum betrat und mir einen Spitznamen ausdenken musste, lag gerade das Magazin *Lettre International* mit einem Text des Philosophen Boris Groys neben mir. Aufgrund von Einfallslosigkeit nannte ich mich kurzerhand «Groyce». Keine Ahnung, was dieser Name bei den anwesenden Männern auslöste, aber ich bekam sehr schnell eine Ahnung davon, wie unangenehm es als Frau sein kann, sich von Männern, die sich durch Anonymität geschützt wähnen, angebaggert zu werden. Eine spannende Erfahrung – und dabei hatte ich nicht einmal daran gedacht, dass der Name weiblich klingen könnte.

Wenn Sie sich also einen Namen und ein paar weitere Merkmale überlegt haben, dann gehen Sie damit auf die Seite der University of Pennsylvania und machen Sie den Signaturstärken-Test (https://www.authentichappiness. sas.upenn.edu/de/user/login?destination=node/929). Beim Signaturstärkentest ermitteln Sie durch Ankreuzen, wie sehr bestimmte Aussagen auf Sie zutreffen, welche Eigenschaften bei Ihnen am stärksten ausgeprägt sind. Kreuzen Sie dabei die Fragen nicht so an, wie Sie sind, sondern *wie Sie gerne wären.* Der eigentliche Sinn dieses Tests ist es, sich nicht immer nach seinen Schwächen zu richten, sondern seine Stärken besser kennen zu lernen und dadurch zufriedener zu werden, dass man sie besser nutzt. Jetzt aber sollen Sie die Stärken, die Sie gerne hätten, identifizieren und besser kennen lernen. Wenn das Ergebnis beispielsweise ist, dass zu Ihren heimlichen Wunsch-Signaturstärken die Kreativität gehört, die Sie in Ihrem aktuellen Alltag nur sehr wenig ausleben, dann fangen Sie doch einfach damit an, sich mit Ihrer neuen Identität einen Instagram-Account einzurichten, und machen Sie jeden Tag ein Foto, das Sie dort posten. Oder wenn Sie durch den Test identifiziert haben, dass Ihr Alter Ego große Führungsstärke besitzt, dann lassen Sie es sich doch an einer politischen Bewegung beteiligen, die Sie schon immer interessiert hat.

Ziel soll es natürlich nicht sein, Sie weiter zu verwirren. Begrenzen Sie das Experiment deswegen zunächst auf vier Wochen und probieren Sie pro Woche einen neuen Kontext aus. Und nach diesen vier Wochen wiederholen Sie den Test, aber jetzt beantworten Sie die Fragen ehrlich – also nicht, wie Sie gerne wären, sondern so, wie Sie sind. Und dann schauen Sie, welchen Aspekten Ihres Alter Ego Sie in Ihrem Leben gerne mehr Raum geben würden.

Wenn Sie sich jetzt vielleicht fragen, was das mit den Manipulationsversuchen im Internet zu tun hat, so lautet meine Antwort: eine ganze Menge. Menschen, die Interesse an Macht oder Geld haben, werden immer versuchen, andere zu manipulieren. Dagegen wehren kann man sich nur, wenn man sich kennt.

4. Klug handeln in einer unbekannten Welt

Werden wir dümmer, wenn wir Teile dessen, was unser Gehirn leistet, an das Internet delegieren? Werden wir fahriger, weniger fokussiert und oberflächlich? Was ist mit unserer Arbeitsleistung? Verlernen wir über das ständige Zugreifen auf Online-Inhalte grundlegende menschliche Fähigkeiten und machen uns zu stark von technischen Hilfsmitteln abhängig? Können wir unsere Problemlösekompetenzen einfach von der Welt vor dem Bildschirm auf die Welt im Internet übertragen oder bedarf es dazu neuer Strategien, einer besonderen «Internetintelligenz»?

Selbst wenn diese Fragen im Leben der Erwachsenen eine wichtige Rolle spielen, so geht es den meisten, die sich damit beschäftigen, um ihre Kinder. Was macht das Internet mit der nächsten Generation, wenn sie schon von klein auf diese Techniken nutzt? Wie können wir die Fähigkeiten, die wir noch in der Welt außerhalb des Internets gelernt haben, unseren Kindern vermitteln, die mit dem Internet aufwachsen? Kern einer Antwort auf diese Fragen und Sorgen muss die Einsicht sein, dass der potentielle Konflikt zwischen Eltern und Kindern nicht zu einem Konflikt «gutes versus böses Internet» werden darf.

Vielmehr müssen wir uns den virtuellen Raum gemeinsam erschließen und unsere Kinder dort genau so begleiten, wie wir es auch außerhalb des Internets tun. Andererseits aber müssen wir auch ihre Kompetenzen dort respektieren, genauso wie beispielsweise in der Schule oder auf dem Fußballplatz.

Hey Doc, mein Kind ist out of focus

Verzeihen Sie, wenn ich hier nicht direkt auf die «brennende» Frage zu sprechen komme, ob Kinder durch das Internet dumm werden. Ich werde im Folgenden darauf eingehen, ob wir durch bestimmte Formen der Internetnutzung – zum Beispiel durch das ständige Starren auf den Bildschirm eines Smartphones – im Alltag unfokussierter werden. Die Behauptung hingegen, dass das Internet dumm macht, ist selbst nicht nur dumm, sondern wahrscheinlich auch ein Problem des Älterwerdens: Jede älter werdende Generation glaubt zu beobachten, dass die nachfolgende durch jeweils neue Umgangsformen und Techniken dümmer wird. Wer oder was unfokussiert ist, ist aber immer auch abhängig von der Wahrnehmung des Betrachters. In einer berühmten Filmsequenz aus Woody Allens Filmkomödie «Deconstructing Harry» («Harry außer sich») wird ein Schauspieler im Bild zunehmend unscharf – er gerät «out of focus». Zunächst denkt der Kameramann, es liege an der Einstellung. Dann aber stellt sich heraus, dass der Schauspieler selbst es ist, dessen Erscheinung immer unschärfer und verschwommener wird. Später empfiehlt ein Arzt seiner Familie das Tragen von Spezialbrillen, da er das eigentliche Problem, nämlich die Unschärfe der Person, medizinisch nicht therapieren kann, ja nicht einmal die Ursache davon versteht.

Aber um die Konzentration kümmern wir uns im nächsten Kapitel – zunächst zur Intelligenz. Wissenschaftler und Psychologen unterteilen Intelligenz häufig in «fluide» und «kristalline» Intelligenz. Fluide («flüssige») Intelligenz beschreibt unsere Fähigkeit zur Problemlösung – unabhängig von erlerntem Wissen. Kristalline Intelligenz beschreibt die Intelligenz, die sich durch Bildung «kristallisiert», also erlernte Vorgehensweisen und Lösungsstrategien. Bei der Festlegung, was zur «kristallinen» Intelligenz gehört – also das Allgemeinwissen, das ein gebildeter Mensch im eigenen Kopf speichern und jederzeit abrufen können sollte –, herrscht quer durch die Gesellschaft große Uneinigkeit. Aus meiner Sicht ist diese Diskussion in weiten Teilen ohnehin ideologisch zu aufgeladen, um bald zu einer vernünftigen Lösung zu kommen. Aber da bin ich auch weniger besorgt: Schulen vermitteln selten das Faktenwissen, das im späteren Leben sinnvoll ist.

Wenn es hingegen um das Erlernen fluider Intelligenz geht, habe ich eine Meinung – weniger aufgrund meiner Erfahrung mit dem Thema Internet, sondern weil ich als Kind selbst Teil eines pädagogischen Experiments war: Ich habe die ersten vier Jahre meines Schülerdaseins auf einer von meiner Mutter mitbegründeten Freien Schule verbracht. Ich gehörte zum ersten Jahrgang und war – im Gegensatz zu den nachfolgenden Kohorten – völlig von Lernverpflichtungen befreit, frei nach dem Motto: «Kinder wollen lernen». Am Ende meiner Grundschulzeit konnte ich sehr gut Mathe, etwas lesen und kaum schreiben. Nach dem Wechsel auf eine weiterführende Gesamtschule schloss ich mich deshalb (nach Aussage meiner Mutter auf meinen eigenen Wunsch hin) einem Lese- und Schreiblernkurs für Kinder mit Migrationshintergrund an. Und ich habe ausreichend schreiben gelernt, um Arztbriefe, wissenschaftliche Artikel und nun ein Buch zu schreiben. Gleichzeitig ermöglichte mir die große Freiheit, eigene Problemlösestrategien zu entwickeln, die letztlich wesentlich dazu beigetragen haben, dass ich mich heute als privat und beruflich zufriedener und erfolgreicher Mensch betrachten darf.

Aber das ist nur eine Seite der Medaille. Der Preis war bereits bei mir hoch und der Weg leidvoll. Eine Englischlehrerin, die an meinen eigenwilligen Lernstrategien verzweifelte, prophezeite mir einmal wütend, ich würde auf der Straße enden – keine schöne Perspektive für einen Jugendlichen auf Identitätssuche. Und dabei war meine Ausgangslage noch verhältnismäßig privilegiert. Ich war Sohn eines Arztes und einer angehenden Sonderschulpädagogin, genoss auch zuhause eine gute Förderung und war bereits damals psychisch einigermaßen robust. Weniger privilegierte Kinder, die mit mir im ersten Jahrgang dieser freien Schule waren, litten teilweise deutlich mehr unter dem Mangel an Struktur und rutschten ab. Ihnen tat es weniger gut, tagelang halbnackt durch die Büsche hinter unseren Schulgebäuden zu laufen. Sie verirrten sich dort eher (vor allem im übertragenen Sinne), wurden teilweise immer aggressiver oder verloren das Gefühl für adäquate zwischenmenschliche Grenzen. Der Umstand, dass auch einige der Eltern und Lehrer sich gerade auf einem Selbstfindungstrip befanden, machte die Sache nicht besser. So lief zum Beispiel ein Lehrer einmal nackt über den Schulhof, was einige Mütter wiederum veranlasste, sich in Gegenwart von uns Kindern über die fehlende Attraktivität dieses unbekleideten Lehrers auszutauschen. Aus dieser Regellosigkeit und aus dem allgemeinen Wunsch heraus, alles irgendwie anders zu machen, entstanden seltsame pädagogische Blüten. Eine Klasse entwickelte etwa ein «neuartiges» System, um lauten Jungs beizukommen. In meiner Erinnerung bestand es darin, dass die Mädchen, die als ruhiger betrachtet wurden, eine Strichliste führten und ein Junge, wenn er drei Striche auf dieser Liste erreicht hatte, den Raum verlassen musste.

Beim Thema Internet erlebe ich ähnliche Diskussionen, wie sie damals im pädagogischen Neuland dieses alternativen Schulprojekts entstanden sind: Wie viel Freiraum brauchen Kinder, um zu lernen, wie man Probleme eigenständig und kreativ löst, und wie viel Struktur und Grenzen? Auch das Internet bringt durch seinen großen Freiraum sehr kreative und erfolgreiche Menschen hervor. Ebenso erzeugt es auch viele im besten Fall «befremdliche» Erfahrungen und im schlimmsten Fall schwerwiegende psychische Verletzungen. Mir scheint, dass wir im Internet noch viel zu häufig den Fehler machen, der auch meinen idealistischen Eltern und den anderen Eltern und Lehrern meiner Schule unterlief: Wir verlieren das Gefühl dafür, wie viel Begleitung unsere Kinder in den in jeder Generation neu entstehenden Freiräumen brauchen.

Wenn wir also über erzieherische Methoden zur Weiterentwicklung der bereits bei Geburt angelegten Intelligenz zur Lösung von Herausforderungen und Problemen diskutieren, dann diskutieren wir über die Strategien und Grenzen, die wir unseren Kindern vermitteln wollen. Wenn ich mit Eltern über ihre Sorge spreche, dass ihre Kinder im Internet «verdummen» und nicht mehr zum Lösen alltäglicher Problem außerhalb des Internets in der Lage seien, dann frage ich sie immer, welche Orte außerhalb des Internets ihre Kinder denn aufsuchen dürfen, wo sie Grenzen setzen und in welcher Form sie ihre Kinder begleiten. So gibt es Orte, die sich Eltern erst einmal gemeinsam mit ihren Kindern anschauen und ihnen dabei einige grundlegende Regeln vermitteln – zum Beispiel die Skate-Bahn im nahe gelegenen Park, die die Kinder nach Unterweisung mit Helm, Knie- und Ellenbogenschützern auch selbständig benutzen dürfen. Daneben gibt es aber auch Orte, die die Kinder nur in elterlicher Begleitung betreten dürfen, bevor sie erwachsen sind – zum Beispiel Kneipen, bestimmte einschlägige Bahnhofslokale oder ein Tattoo-Studio. Beim Internet schwanken wir zwischen extrem gegensätzlichen Strategien: So muten wir unseren Kindern teilweise schon sehr früh zu, viel Zeit allein im Internet zu verbringen. Andererseits machen wir uns plötzlich überschießende Sorgen und engen ihren Erfahrungsraum im Netz so weit ein, dass wir ihnen die Möglichkeit nehmen, sich angemessen zu erproben und zu lernen, kreativ und intelligent eigene Lösungsstrategien zu entwickeln.

Katharina N. ist hierfür ein gutes Beispiel. Wie ihr Mann arbeitet sie viel am Computer (und zwar meistens zuhause im Wohnzimmer) und räumt ein, dass die Kinder sie – als Vorbild – viel vor dem Bildschirm erleben. Ihrem Sohn schenkte sie mit zwölf ein Smartphone und beobachtete, wie dieser sich immer mehr Apps herunterlud, die sie nicht kannte. Sie habe dazu zunächst eher eine negative Haltung gehabt, obwohl sie nicht genau verstanden habe, was er da machte. Irgendwann habe sie das Gefühl bekommen, «immer nur herumzunörgeln», und ließ sich das Ganze von ihrem Sohn zeigen. Mehr noch, sie stieg sogar mit ein und begann, mit ihm «Clash of Clans» zu spielen, ein komplexes Strategiespiel, bei dem es darum geht, eine Gemeinschaft aufzubauen, Ressourcen zu sammeln, Truppen zu trainieren und Kriege zu führen. Rückblickend beschreibt Katharina, dass ihre ablehnende Haltung gegenüber den Aktivitäten ihres Sohnes sicher auch damit zu tun hatte, dass sie ahnte, dass er da etwas machte, was auch sie reizen könnte.

Und so kam es dann auch: Katharina begann zunehmend intensiver Clash of Clans zu spielen. Das führte dazu, dass ihre Kinder abends viel entspannter ins Bett gehen konnten, weil sie die Smartphones bei ihrer Mutter abgaben, damit diese ihre Spiele für sie weiterspielte. Auf einmal war die Mutter für die Online-Spiele zu einem sicheren Ort geworden, auf den man sich verlassen konnte.

Wenn wir einmal weniger auf das Verhalten achten und dafür mehr auf das damit verbundene Gefühl – ist es nicht genau das, was Eltern ihren Kindern bieten wollen: das Gefühl, die Verantwortung in deren Hände legen und beruhigt ins Bett gehen zu können?

Ein kleines Problem war nur die Verhältnismäßigkeit: Katharina spielte irgendwann deutlich mehr Clash of Clans als ihre Kinder, und das sehr zu deren Missfallen. Ihnen war es gar nicht recht, dass die Mutter sich ständig auf ihrer «Spielwiese» aufhielt. Katharinas Sohn stieg deshalb auf das Online-Strategiespiel «Minecraft» um. Aber trotzdem hatte sich die Beziehung der beiden verändert: Katharina hatte gezeigt, dass sie sich genauso für das zu begeistern vermochte, was ihre Kinder im Netz taten, und dass sie dort auch kompetent sein konnte. Die Grenze zwischen Eltern und Kindern verlief jetzt nicht mehr irgendwo im Bereich des «Internetgenörgels», sondern innerhalb und außerhalb des Internets im Bereich bestimmter Themen und Interessen – also wesentlich sachlicher.

Das wiederum führte dazu, dass Katharinas Kinder etwas tolerieren, das in vielen Familien für Streit sorgt: Sie hat unbegrenzten Zugriff auf die WhatsApp-Gruppen ihrer Kinder. Zwar nutzt sie diesen Zugang nur selten, aber wenn sie das Gefühl hat, «irgendetwas ist nicht in Ordnung», dann schaut sie nach. Viel wichtiger ist jedoch, dass sie Rückzugsräume ihrer Kinder, beispielsweise ihres Sohnes im Online-Chat von Minecraft, mit dem guten Gefühl akzeptieren kann, dass ihr Sohn zwar sicher noch nicht jeder Herausforderung im Internet gewachsen ist, dass er sich jedoch der Kompetenz seiner Eltern bewusst ist und weiß, wann er sie um Hilfe fragen muss. Und Katharina und ihr Mann gingen noch einen Schritt weiter: Statt zu versuchen, ihrem Sohn die Geschichte von der verschwendeten Zeit im Internet einzubläuen, bestanden sie darauf, dass er seine Zeit am Computer oder Smartphone nicht nur mit Spielen, sondern auch mit etwas «Sinnvollem» verbringen solle, woraufhin dieser anfing, Programmieren zu lernen. Darüber hinaus sorgten die Eltern auch für internetfreie Tage, an denen die Kinder die Dinge taten, die auch Katharina und ihr Mann als Kinder schon getan hatten: zum Beispiel im Garten oder im Wald zu spielen.

Der Fall von Katharina und ihrer Familie ist in vielerlei Hinsicht spannend, aber zwei Dinge sind mir dabei besonders wichtig: Wir können die Konfliktgrenze nicht bei der exzessiven Benutzung des Smartphones durch unsere Kinder ziehen, wenn wir als ihre Vorbilder selbst die ganze Zeit vor einem Bildschirm verbringen. Und wir können unseren Kindern keine Kompetenzen vermitteln, wenn wir uns nicht mit den Dingen auseinandersetzen, die sie tun.

Experiment 5
Folgen Sie Ihren Kindern

Ab welchem Alter würden Sie Ihre Kinder allein an welche Orte im Internet gehen lassen, um sich dort mit Freunden zu treffen? Und wie lange? Welche Spiele dürfen sie dort spielen? Und welche Bedingungen würden Sie daran knüpfen? Sollten die Antworten auf diese Fragen nicht – genau wie im Leben außerhalb des Bildschirms – davon abhängig sein, wie gut Sie selbst diese Orte kennen und ob Sie das Gefühl haben, sie einschätzen zu können? Und weiterhin, ob Sie Ihr Kind bereits mit ausreichenden Fähigkeiten versehen haben, potentielle Gefahren klug einzuschätzen? Wie können Sie diese Überlegungen auf das Internet übertragen? Wie gut möchten Sie die Orte, an die sich Ihre Kinder dort begeben werden, selbst kennen? Wie wollen Sie Ihre Kinder darauf vorbereiten?

Wir müssen Kinder in das Internet zunächst genauso begleiten wie vor die Haustür. Und weil das Internet sehr unübersichtlich ist, müssen wir sie umso besser darauf vorbereiten. Nun kennen wir uns vor der Haustür gut aus; wie man eine Straße überquert, haben wir schon als Kinder gelernt. Wie man sich im Internet bewegt, hingegen nicht. Dort fällt es uns deutlich schwerer, unsere Aufgaben als Erzieher wahrzunehmen. Trotzdem liegt die Verantwortung bei uns: Wer seine Kinder früh in einem überfordernden Umfeld sich selbst überlässt, hindert sie genauso an einem intelligenten Umgang mit der Welt, wie derjenige, der sie übermäßig beschützt und jede herausfordernde Situation unterbindet. Mit anderen Worten: Ob Kinder im Internet verrohen und verdummen ist keine Frage des Internets, sondern eine Frage der Erziehung. Mit der Entwicklung jeder neuen Technik wird den Eltern auch die Entwicklung neuer Kompetenzen abverlangt.

Besuchen Sie deshalb mit Ihren Kindern gemeinsam die Orte, an die diese sich begeben, öffnen Sie den familiären Esstisch oder das Wohnzimmersofa zu bestimmten Zeiten für gemeinsame Online-Zeit, und sei es nur das Schauen von Videos – und treiben Sie sich selbst öfters an den Orten herum, von denen Ihre Kinder Ihnen erzählen. Sie werden feststellen, dass wenige Dinge generationenübergreifend miteinander so viel Spaß machen wie Spiele – auch diejenigen im Internet. Und wenn alles gut läuft, werden Sie auch erleben, dass Ihre Kinder Ihre Kompetenz im Internet wertschätzen und Ihnen mehr Autorität einräumen, vorausgesetzt, Sie nehmen ihr Leben dort ernst.

Wir dürfen nicht verlernen, uns Herausforderungen zu stellen

Genau wie im Falle der Intelligenz stellen die Frage nach der Konzentration in expliziter Form vor allem Eltern. Sie haben das Gefühl, dass ihre Kinder ständig mit mindestens einem Auge auf das Smartphone schielen und im Leben außerhalb des Internets kaum noch richtiggehend auf eine Sache fokussiert sind. Aber das mit dieser Sorge verbundene Problem beschränkt sich keineswegs nur auf Kinder und Jugendliche. Den Eindruck, unproduktiver zu werden, weil man zu viel Zeit im Internet verbringt, teilen viele Menschen – zunehmend mehr. Irgendwie scheint es uns «einzusaugen», wir können nicht widerstehen und kommen nicht mehr zu den Dingen, die wir *eigentlich* richtig finden oder die von uns erwartet werden. Wir fühlen uns irgendwie abwesend und unkonzentriert.

Ich bin bereits darauf eingegangen, dass das Internet offenbar deshalb so attraktiv für uns ist, weil die dort möglichen Tätigkeiten einige unserer sehr ursprünglichen Bedürfnisse befriedigen. Vielleicht haben Sie, angeregt durch meine Überlegungen zur zeitlichen Orientierung, schon herausgefunden, welche Rolle das Internet als eine Art Prokrastinationsverstärker in Ihrem eigenen Leben spielt und wie schwierig es sein kann, sich dazu aufzuraffen, Dinge zu tun, die man wirklich tun will (bzw. manchmal auch tun muss), weil wir uns im Internet abgewöhnt haben, uns aversiven Aufgaben zu stellen. Beim Thema Konzentration sehe ich hier drei wesentliche Aspekte:

1. Unser vernachlässigtes Bedürfnis nach unverplanter, ungezielter Tätigkeit, bei der wir das Maß der Intensität und Herausforderung maßgeblich selbst beeinflussen können.

2. Eine zunehmende Überforderung, weil wir immer mehr Zeit damit verbringen, uns einzufühlen und anzupassen. Früher wurde freundliches, verständnisvolles, ausgeglichenes Verhalten deutlich weniger von allen Menschen eingefordert (in der Generation meines Vaters war es gerade für viele Männer selbstverständlich, sich aus heutiger Sicht völlig ungehobelt und asozial zu verhalten).

3. Einen Mangel an Einsicht in die Notwendigkeit, sich im Leben außerhalb des Internets anstrengenden Herausforderungen zu stellen.

Das eigentliche Problem besteht nicht darin, dass sich die Menschen aufgrund des Internets nicht mehr konzentrieren können, sondern dass sie die Dinge außerhalb des Internets als zunehmend unattraktiver betrachten und ihre Aufmerksamkeit nicht mehr darauf fokussieren wollen. In uns selbst, so haben wir den Eindruck, sitzt noch der Stachel unserer «guten» Erziehung, der uns zu produktiven und sinnvollen Tätigkeiten außerhalb des Internets antreibt. Deshalb stellt sich bei uns ein schlechtes Gewissen ein, wenn wir das Gefühl haben, unsere Zeit im Internet zu verschwenden. Aber bei unseren Kindern? Meine These dazu ist: Das ist kein Problem des Internets, sondern unserer Wohlstandsgesellschaft, mit deren Auswüchsen bereits wir schlecht umgehen können und unsere Kinder noch viel schlechter. Im Umgang mit dem Internet manifestiert sich genau dieses Problem, weil man dort den Herausforderungen des Alltags so wunderbar ausweichen kann – aber einmal mehr ist es auch hier wieder nicht die Ursache.

Es mag sehr hart klingen, aber Sie werden niemanden, der gerade im Internet den ultimativen Rückzugsraum vor einer als übermäßig anstrengend empfundenen Umwelt entdeckt hat, von den Notwendigkeiten des Alltags überzeugen, solange er satt ist, es warm hat und von Ihnen spätestens zu Weihnachten wieder mit schicken Klamotten und einem neuen Smartphone versorgt wird. Wenn wir davon ausgehen, dass Konzentration und Fokussierung auf wichtige Aufgaben im Wesentlichen damit zu tun haben, welche Notwendigkeit man ihnen beimisst und beimessen muss, um zu überleben, und unsere Sorge gleichzeitig darin besteht, dass die nächste Generation die Fähigkeit verlernen könnte, sich auf wesentliche Dinge zu konzentrieren, dann muss der einzig sinnvolle Schluss unserer Überlegungen der sein, ihr die wesentlichen Notwendigkeiten des Lebens möglichst frühzeitig zu vermitteln.

Wir müssen deshalb niemandem das Internet verbieten, aber wir müssen wieder ein Gefühl für die Notwendigkeiten des Lebens bekommen – und das geht auch mit dem Internet. Was spricht denn dagegen, Ihr sechzehnjähriges

Kind, das die Schule abbrechen möchte, weil sein YouTube-Channel gerade so viele Follower hat, eine Weile nur mit dem Allernötigsten zu unterstützen und ihm die Chance zu geben, seine Idee auszuprobieren? Ich habe als Jugendlicher das Gitarre-Spielen geliebt und wollte die Schule abbrechen, um Zimmermann zu werden und Musik zu machen. Ich habe dann in den Sommerferien einige Wochen für einen Zimmermann gearbeitet und durfte in der Hitze des Sommers mit Papieranzug und Gasmaske bekleidet Glaswolle in einem Dachstuhl verlegen. Am Ende der Ferien hatte ich mir eine Gitarre verdient, war unglaublich stolz und gleichzeitig unglaublich froh, wieder in die Schule zu gehen.

Viel besorgniserregender als die Gefahren des Internets finde ich die Tatsache, dass wir, weil wir unseren Kindern nicht zu viel zumuten wollen, ihnen auch die Möglichkeit solcher Erfahrungen nehmen. Dies wieder mehr zu tun, ist etwas, wozu wir Erwachsene uns aufraffen müssen. Wenn die Situation wirklich so ernst ist, wie viele glauben, wenn es wirklich um die Zukunft unserer Gesellschaft und insbesondere unserer Kinder geht – dann sollte uns das jede Anstrengung wert sein, etwa als Vorbild einer sinnvollen Aufgabe nachzugehen oder uns auf die Erziehung der Heranwachsenden zu konzentrieren.

Wenige meiner Gesprächspartner äußerten sich so offenherzig zu diesem Thema wie Robert H., den ich im Zug kennen lernte. Ich war bereits morgens um 4:30 Uhr in Berlin zugestiegen und hatte bis dahin das Ruheabteil für mich gehabt, als noch vor Beginn der Dämmerung besagter Robert H. sich von allen fünf freien Sitzen ausgerechnet den mir gegenüber aussuchte. Warum nur hatte ich meine Füße kurz vorher von diesem Sitz genommen? Die Grenze hätte er sicher akzeptiert. Jetzt war es zu spät, mein Fußraum war auf einmal um die Hälfte verringert. Wir dösten beide eine Weile, ich mit zunehmendem Ärger, der aber sofort verflog, als wir uns zu unterhalten begannen. H. erwies sich als ausgesprochen freundlich. Und, viel wichtiger, als ein ausgezeichneter Gesprächspartner.

Als Wissenschaftler Ende fünfzig nutzt H. das Internet vor allem für Informationsbeschaffung und zur beruflichen Kommunikation. Er liebt seine Kinder und ist gerne Vater, überlässt aber «komplizierte Themen» in der Erziehung lieber seiner Frau. Er selbst liest gerne, und wir kamen schnell zu dem Punkt, an dem H. einräumte, dass es einen Teil von ihm gebe, der sehr dankbar dafür sei, dass seine Kinder so viel Zeit im Internet verbrächten, weil er dann mehr Zeit für sich habe. Insbesondere bei seinem älteren Sohn, der sich in der Pubertät befinde und stundenlang Online-Rollenspiele spiele, sei ihm das deutlich lieber, als wenn dieser draußen unterwegs sei und möglicherweise unvernünftige Dinge tue. Bei einem gemeinsamen Familienurlaub sei der Internetzugang so langsam gewesen, dass sein Sohn sein Lieblingsspiel dort nicht habe spielen können. Manchmal, so H., habe er sich ein schnelleres Internet gewünscht, um wieder in Ruhe lesen zu können. Auf einmal sei er in einer Intensität mit der Persönlichkeit seines Sohnes konfrontiert gewesen, die ihm nicht unbedingt angenehm gewesen sei.

Es mag hart klingen, aber meiner Erfahrung nach spricht H. hier lediglich aus, was viele, wenn nicht die meisten Eltern denken. Bei anderen Eltern stellen sich nur schneller Schuldgefühle ein und ihre Antworten fallen sozial erwünschter aus, nämlich dass sie sich natürlich darüber freuen würden, wenn ihre Kinder mehr Zeit mit ihnen außerhalb des Internets verbrächten. Aber nur wenige sind bereit, die damit verbundene Mühe wirklich auf sich zu nehmen. Wenn wir unsere Kinder dazu bringen wollen, sich wieder mehr auf Dinge außerhalb des Internets zu konzentrieren und auch die Konzentration für kompliziertere Herausforderungen aufzubringen, dann müssen wir also zunächst einmal aufrichtig zu uns selbst sein und uns eingestehen, dass das «Versacken» der Kinder im Internet durchaus in unserem Interesse sein kann. Und dass wir an unseren Kindern etwas kritisieren und zu regulieren versuchen, womit wir eigentlich in unserem eigenen Leben unzufrieden sind.

Die Psychoanalytiker nennen diese Strategie, die wir einsetzen, um unangenehme innere Konflikte zu verdrängen, «Projektion». Wir projizieren einen Teil unseres Konflikts in andere hinein und bekämpfen ihn dort. Es ist viel einfacher für uns und mit mehr sozialer Anerkennung verbunden, andere mit unseren hehren Idealen zu konfrontieren, als aufrichtig auf uns selbst zu blicken. Besser wäre es allerdings, den Konflikt innerhalb unserer selbst zu lösen und uns zu überlegen, welche Ansprüche und Vorbildfunktionen wir aufgrund der vorhandenen Ressourcen wirklich umsetzen können. Katharina N. geht da ganz bewusst Kompromisse ein: sie spielt mit ihren Kindern Clash of Clans, besteht aber auch auf dem internetfreien Tag, an dem sie natürlich für ihre Kinder da sein muss, die ohne Internet deutlich mehr Anforderungen an sie formulieren. Und auch Robert H. investiert sicherlich viel Zeit und Energie darauf, seinen Kindern seine Liebe zum Lesen nahezubringen.

Aus meiner Sicht ist es erstrebenswerter, den Kindern zeitweise den Rückzugsraum des Internets zuzugestehen, wenn es dafür auch Zeiten gibt, in denen wir unseren Kindern vermitteln, wie man Herausforderungen annimmt und sie besteht – denn diese Fähigkeit ist essentiell für unsere Lebenszufriedenheit. Der Psychologe Mihály Csíkszentmihályi hat als «Flow» (auf Deutsch in etwa: «im Fluss sein») einen Zustand tiefer Zufriedenheit beschrieben, der dadurch entsteht, dass wir höchst konzentriert in einer Herausforderung aufgehen, die uns weder über noch unterfordert. Viele der Tätigkeiten, bei denen Csíkszentmihályi Flow-Erleben beschreibt, erfordern das Erlernen von Fähigkeiten – etwa das Spielen eines Musikinstruments oder Klettern.

Flow-Erleben ist auch im Internet möglich, etwa bei komplizierten Online-Spielen oder auch beim Programmieren guten Codes (diejenigen unter Ihnen, die das beherrschen, werden wissen, was ich meine). Der Verzicht auf Herausforderungen, in den uns das Versinken im Internet zu treiben scheint, beraubt uns hingegen genau dieses Glücksgefühls tiefer Konzentration, das so essentiell ist für eine positive Selbstwahrnehmung. Der Haken daran ist, und genau hier brauchen unsere Kinder uns, dass wir der Vermeidung von Herausforderungen nicht dadurch beikommen, dass wir anderen mehr Disziplin zumuten – sondern dass wir ihnen Vorbild sind. In dem Maße, in dem wir uns vor der Herausforderung drücken, uns den Bedürfnissen unserer Kinder – auch denen nach Unabhängigkeit, Streit und Konfrontation – auszusetzen, in dem Maße fördern wir auch, dass sie selbst sich vor den Herausforderungen des Alltags beispielsweise ins Internet zurückziehen.

Experiment 6
Finden Sie Flow im Internet

Immer ist die Behauptung zu hören, Tätigkeiten außerhalb des Internets seien befriedigender als innerhalb des Internets. Zum Teil hat das sicher mit der Zweidimensionalität und der Notwendigkeit eines Bildschirms zu tun. Aber die Frage ist auch, ob es nicht eigentlich das gleiche Erleben ist, wir es aber anders bewerten. Die Aufgabe bei diesem Experiment ist es deshalb, eine Tätigkeit zu finden, bei der Sie das Internet nutzen, um Flow zu erleben. Ein klassisches Beispiel dafür wäre das *Geocaching*, eine moderne Form der Schnitzeljagd mittels Internet und GPS-Empfänger. Sollten Sie das noch nicht kennen, aber gerne spielen und Rätsel lösen, dann sollten Sie es auf jeden Fall ausprobieren. Oder gestalten Sie eine einfache Webseite – das ist gar nicht so schwer! Lernen Sie programmieren, im Internet gibt es viele großartige Anleitungen dazu. Oder bringen Sie sich mithilfe von YouTube-Videos das Tippen mit zehn Fingern oder das Klavierspielen bei. Oder lernen sie gemeinsam mit anderen auf einer Online-Plattform eine neue Sprache. Denn, ja: auch das ist Internet.

Wichtig ist nur, dass Sie sich eine Herausforderung suchen, bei der Sie das Internet nutzen und die Ihnen das Gefühl vermittelt, hoch konzentriert etwas Sinnvolles zu tun, das Sie befriedigt und bei dem Sie einen Endpunkt erreichen können, an dem Sie mit Ihrem Pensum zufrieden sind.

Es geht also um ein Re-Framing, ein neues Bewerten Ihrer Internetnutzung. Unsere geläufige Einstellung zum Internet stellt uns vor ein normatives Problem, wie die Philosophen das nennen. Wir bewerten Aktivitäten und Interaktionen im Internet negativer, ohne genau begründen zu können, warum wir das tun. Mag sein, dass es einfach mit dem Unbehagen am Neuen zu tun hat oder dem bereits erwähnten Problem der Zweidimensionalität. Jedenfalls geht aus den Beschreibungen unzufriedener Internetnutzer in der Regel hervor, dass das, was ihnen am Internet fehlt, ein Mangel an Flow-Erleben ist. Möglicherweise hat dieser Mangel aber auch einfach damit zu tun, was Sie mit dem Internet anstellen. Wenn es Ihnen gelingt, mit dem Internet eine Tätigkeit auszuüben, die ausgereifte Fähigkeiten und hohe Konzentration erfordert und Sie anschließend mit einem befriedigenden Gefühl zurücklässt, dann werden Sie es womöglich mit anderen Augen sehen.

Vergeht die Zeit im Internet wirklich schneller?

Reich mit Erfahrungen gefüllte Tage vergehen schnell, erscheinen uns jedoch in der Erinnerung als lang. Eintönige Tage hingegen vergehen langsam, erscheinen uns aber rückblickend als kurz. Diese vielen von uns geläufige Beobachtung wird auch als Paradox der Zeitwahrnehmung beschrieben. Verhält es sich mit der im Internet verbrachten Zeit genauso? Erscheint uns auch hier die schnell vergehende Zeit im Nachhinein als lang, da mit vielen Erfahrungen ausgefüllt? Wie der Soziologe Hartmut Rosa in seinem Essay «Beschleunigung und Entfremdung» meint, trifft genau das Gegenteil zu. Nach ihm ist im Internet die Zeit gleich zweimal kurz: währenddessen wie im Nachhinein. Sie vergeht nicht nur schnell, sondern es bleibt auch kaum etwas in der Erinnerung zurück. Das klingt so, als ob unser Leben durch die Internetnutzung nicht nur schneller, sondern auch unbedeutender würde.

An einem ereignisreichen Tag müssen wir auch schneller reagieren und benötigen dafür eine andere Zeitwahrnehmung als an einem öden Tag. Die Beobachtung von Rosa bezieht sich jedoch nicht nur auf unsere Zeitwahrnehmung; es geht darüber hinaus um Gedächtnisinformation. Zwar haben wir im Internet oft das Gefühl, dass wir gerade etwas erleben, das ausreichend wichtig ist, um nicht als langweilig empfunden zu werden. Trotzdem scheinen wir es dann leicht wieder zu vergessen. Das aber könnte damit zu tun haben, dass der jeweilige informative Kontext zu dünn ist, um sich in unserem Gedächtnis gut zu verankern.

Doch das muss nicht so sein. Liege ich mit meiner Vermutung ganz falsch, dass Sie sich noch an die Schlüsselszenen von Monkey Island oder Zelda erinnern (oder wie Ihre ersten Computerpiele auch geheißen haben mögen)? Wären Sie nicht in der Lage, das erste Level von «Super Mario» auf dem Game Boy schnell wieder im Kopf zu haben, wenn Sie es ein, zwei Mal durchspielen? Fragen Sie doch einmal Ihre Kinder nach den Details im Kampf mit dem finalen Gegner ihres Lieblingsspiels. Sie werden erstaunt sein, was ihnen alles im Gedächtnis geblieben ist.

Womöglich verhält es sich genau umgekehrt und unsere digitale Vergesslichkeit ist ein wichtiger Grund, warum wir so gerne im Internet sind: Die Zeit vergeht, ohne langweilig zu sein, und trotzdem belastet sie unser Gedächtnis nicht übermäßig. Bei einem zunehmend längeren Leben und in einer an Informationen übervollen Welt ist es doch weiß Gott nicht erstrebenswert, sich ständig an alles zu erinnern – oder? Brauchen wir nicht sogar eine gehörige Portion Eintönigkeit, damit das Leben nicht zu einem wahnsinnig anstrengenden, permanenten Selbstfindungstrip wird? Ich bin mir sicher, dass es für den Umgang mit dem Internet hilfreich ist, sich diese Frage ehrlich zu beantworten.

Viel wichtiger, als sich an allzu viel zu erinnern, wird es in Zukunft sein, wie wir mit den vorhandenen riesigen

Wissensschätzen *umgehen*, die wir uns nicht mehr merken und auch gar nicht merken können. Dass das so ist, ist nicht nur halb so schlimm, sondern fast so etwas wie die Ermöglichungsbedingung von moderner Wissenschaft: Erst die Tatsache, dass wir Wissen immer effektiver außerhalb unseres Kopfes speichern konnten, hat die moderne Wissenschaft hervorgebracht. Ich finde es deshalb viel wichtiger, dass wir lernen, geschickt auf vorhandenes Wissen zuzugreifen und Probleme kreativ zu lösen. Dies zu vermitteln, ist deutlich schwieriger, als einen Gegenstandskatalog zu entwickeln, der den zu lernenden Wissensstoff festlegt. In einer Welt, in der wir immer schneller auf immer größere Wissensvorräte zugreifen können und die Hauptaufgabe darin besteht, die richtigen Quellen zu finden und ihre Qualität zu beurteilen, muss als intelligent betrachtet werden, wer mit diesem Wissen gut umgehen kann.

Andererseits gibt es natürlich auch im Internet Dinge, an die wir uns gerne erinnern würden. An dieser Stelle möchte ich auf meine Begegnungen und Gespräche mit Kathrin Passig zu sprechen kommen. Sie ist eine wichtige intellektuelle Stimme in der öffentlichen Debatte über die Nutzung und den Einfluss der neuen Medien, denn sie setzt sich für einen reflektierteren Umgang mit dem Internet ein. Dabei lautet eines ihrer Argumente, dass viele Bedenken, die heute gegenüber dem Internet geäußert werden, auch schon früheren technischen Entwicklungen, wie dem Buch, der Telegrafie oder dem Radio, entgegengebracht wurden.

Kathrin Passig setzt sich ausdrücklich für die Vorzüge des Internets ein. «Das Internet hat viele Probleme für mich gelöst», sagt sie. Wie aktiv sie dabei Orte nutzt, um sich an Inhalte zu erinnern, wurde mir erst klar, als sie mir auch für unser zweites Treffen die Wahl des Treffpunktes überließ. Ich hatte ihr angeboten, an einen Ort ihrer Wahl zu kommen, da das für sie bequemer sei und ich doch etwas von ihr wissen wolle. Sie treffe sich gerne an neuen, ihr unbekannten Orten, entgegnete sie, da sie sich dann an die Gesprächsinhalte besser erinnern könne. Das macht Sinn, denn Orte sind grundsätzlich wichtig für die Gefühle, die wir mit den Dingen, die wir tun, verbinden. Und damit auch für unsere Erinnerung an diese Dinge. Mit großer Sorgfalt wählen deshalb die meisten Menschen den Ort, an dem sie zum Beispiel einen Heiratsantrag machen – weil sie ihn in schöner Erinnerung behalten wollen. Ein gängiger Trick unter Medizinstudenten zum Aufnehmen des umfangreichen Stoffs war zu meiner Zeit das Lernen in architektonisch spannenden Gebäuden, beispielsweise großen Kirchen. Dabei wurden verschiedene Abschnitte des Lehrbuchs in unterschiedlichen Ecken des Gebäudes gelernt und so mit bestimmten Orten (und Stimmungen) assoziiert. Das zweidimensionale, geruchslose Internet kann da noch nicht mithalten. Das heißt nicht, dass sich das in Zukunft, wenn das Internet dreidimensional wird, nicht ändern kann, aber aktuell sind wir von einer vergleichbaren räumlichen Realität im Internet noch weit entfernt.

Das folgende Experiment habe ich Kathrin Passig zu Ehren nach ihr benannt: Nutzen Sie das Internet gezielt an verschiedenen Orten und beobachten Sie, wie das Ihre Erinnerung an die Ereignisse, die mit dem Internet zu tun haben, verändert.

Experiment 7
Das Kathrin-Passig-Experiment

Wählen Sie bewusst besondere Orte für die Kommunikation mit bestimmten Personen. Genießen Sie dabei die Vorteile des Internets! Lesen und Schreiben Sie die E-Mails von und an unsympathische Kollegen an einem Ort, den Sie gut hinter sich lassen können. Seien Sie kreativ: Führen Sie ein sehr unangenehmes abschließendes Gespräch auf einem so gerade noch funktionstüchtigen, aber schrottreifen Handy, nehmen Sie danach die SIM-Karte raus und führen Sie es anschließend der Wertstoffkette zu. Oder andersherum: Begeben Sie sich an einen schönen, ruhigen, vielleicht auch romantischen Ort, um einem Menschen, den Sie lieben, eine zärtliche Nachricht zu schreiben. Und lassen Sie sich vorher und nachher auf die Atmosphäre des Ortes ein.

Wir können jetzt fast überall mit fast jeder Person über das Internet kommunizieren – machen wir also das Beste daraus! Nutzen Sie einen bestimmten Ort, mit dem Sie etwas verbinden, um Kommunikation, zumal wenn sie Ihnen sehr wichtig ist, nicht zum Teil eines großen unübersichtlichen Stroms werden zu lassen. Deuten Sie das, was gemeinhin als Schwäche der Internetkommunikation wahrgenommen wird, dass sie nämlich ständig und überall stattfinden und so zu einer Belastung werden kann, zu einer Ressource um und prüfen Sie, wie sich das anfühlt. Können Sie dem Bedürfnis, Ihre dienstlichen E-Mails vor dem Schlafengehen zu checken, vielleicht schon etwas besser widerstehen, wenn Sie daran denken, wie gut es tut, sie morgen früh in aller Ruhe auf dem Klo zu lesen und dann abzuziehen? Oder ist die Ortlosigkeit das, was Ihnen eigentlich so gut gefällt am Internet? Dann spricht ja nichts dagegen, es genau so zu machen, wie Sie es gerade tun – allerdings sich dabei ein bisschen besser zu fühlen.

Schreiben Sie am Ende eines solchen Tages doch auf, wie Sie den Ortswechsel erlebt haben und erinnern. Verfolgen Sie, wie sich dadurch Ihre Selbstwahrnehmung modifiziert, Ihre Stimmung und Ihr Selbstbewusstsein. Wenn sich etwas verändert, dann beobachten Sie, in welche Richtung: Sind Sie abends oder gegen Ende der Woche zufriedener? Lernen Sie mehr und schneller? Oder strengt es Sie eher an, so viel Aufmerksamkeit auf Kleinigkeiten in Ihrem Alltag zu verwenden? Denken Sie daran: Wir werden einen guten Umgang mit dem Internet nicht dadurch finden, dass wir uns festlegen, noch bevor wir uns ausreichend mit dem Phänomen auseinandergesetzt haben.

5. Digitale Paranoia – und wie man mit ihr umgeht

Die Enthüllungen von Edward Snowden hatten einen nicht unwesentlichen Nebeneffekt: Menschen, die von Psychiatern früher als psychotisch bezeichnet wurden, weil sie sich im Internet von «Geheimdiensten» oder «multinationalen Konzernen» verfolgt gefühlt haben, haben recht bekommen (was nichts daran ändert, dass es sich wahrscheinlich häufig trotzdem um psychotisches Erleben gehandelt hat). Darüber hinaus haben Snowdens Enthüllungen viele, die nicht psychotisch sind, paranoid gemacht. Aus dieser Paranoia heraus verhalten wir uns irrational und verdrängen, dass die digitale Zukunft ein Gestaltungsprojekt ist, bei dem wir alle mitanpacken müssen, wenn wir wollen, dass sie unseren Bedürfnissen gerecht wird.

Eine ganz andere Form von Paranoia im Internet, die nicht unwesentlich zu unserer digitalen Paranoia beiträgt, manifestiert sich im verzerrten Weltbild aggressiver Bewegungen, die sich zunehmend elektronisch vernetzen. Das Internet ist ein großartiger Ort der Vernetzung von Minderheiten – im Guten wie im Schlechten. Einige schaffen sich dort eine informative Filterblase, in der sie sich gegenseitig ein eingeschränktes, oft hasserfülltes Weltbild bestätigen. Wir können diese Bewegungen nicht zähmen, indem wir sie zu verdrängen versuchen. Möglicherweise stehen wir vor einer gesellschaftlichen Integrationsaufgabe, die noch größer ist als jene, mit der uns die in den letzten Jahren vor Krieg und bitterer Armut aus Afrika und Asien zu uns geflüchteten Menschen konfrontieren.

An dieser Stelle würde die psychiatrische Untersuchung damit fortfahren, zunächst auf allgemeine Ängste des Patienten einzugehen und im weiteren Verlauf dann Wahnvorstellungen, Halluzinationen und sogenannte Ich-Störungen zu erfragen. Ich-Störungen beschreiben eine Veränderung der Grenzen zwischen dem, was als «Ich», und dem, was als Umwelt wahrgenommen wird. Wie bereits bemerkt, werde ich zu den Auswirkungen des Internets auf Paranoia im klassischen psychiatrischen Sinne nur sehr eingeschränkt etwas sagen. Zum einen, weil es dafür zu früh ist, und zum anderen, weil es nur bedingt in dieses Buch passt. Das Buch soll Menschen mit allgemeinen Sorgen bezüglich des Internets helfen, diese besser zu verstehen und die Diskrepanzen zwischen dem, was man eigentlich will, und dem, was man wirklich tut, aufzulösen. Entweder indem man einsieht, dass man das, was man tut, aus gutem Grund und eigentlich gerne tut – oder indem man aus der Einsicht heraus, dass man wirklich unzufrieden ist, etwas verändert.

Sagen lässt sich jedoch, dass die Tatsache, dass wir im Internet überwacht werden, bei einigen meiner Patienten, die etwa an einer Schizophrenie leiden, zu einer Verunsicherung darüber geführt hat, ob sie sich noch trauen sollen, das Internet überhaupt zu nutzen. Das ist eine durchaus dramatische Entwicklung, denn viele Informationen und Ressourcen für Menschen mit psychischen Erkrankungen sind häufig vor allem im Netz zu finden. Viele dieser Patienten berichten auch, dass sie durch das Internet

Kontakt zu Menschen aufbauen, die sie verstehen oder denen es ähnlich geht. Auch um ihretwillen müssen wir das Internet wieder zu einem vertrauenswürdigeren Ort werden lassen.

Im Folgenden will ich mich auf zwei Formen von Paranoia beschränken, die im Alltag der breiten Allgemeinbevölkerung eine immer wichtigere Rolle spielen. Im ersten Teil dieses Kapitels geht es um die bereits erwähnte irrationale Angst im Umgang mit dem Internet. Und im zweiten Teil um die Verschwörungstheorien im Internet.

Irrationale Angst im Umgang mit dem Internet

Eine der ersten aus dem Bereich der Spitzenpolitik, die zugaben, unter einer digitalen Paranoia zu leiden, war die deutsche Bundeskanzlerin Angela Merkel. Auf einem IT-Treffen räumte sie Anfang November 2014 ein: «Man kauft einmal was im Internet – und du wirst verfolgt (…) Ich selbst kaufe ganz wenig im Internet. Und ich werde noch mehr verfolgt!» Es ist dieses diffuse Gefühl, das uns sehr grundlegend verändert. Zunächst einmal scheint es sich um ein generelles Unbehagen zu handeln, weil es uns schwerfällt, uns genauer auszumalen, was im Internet mit uns und unseren Daten passiert. Mark Deuze von der Indiana University hat das mit «The Truman Show» («Die Truman Show») verglichen, einem Spielfilm, in dem der

Hauptdarsteller (ohne es zu wissen) Teil einer inszenierten Welt ist, die von anderen im Fernsehen verfolgt wird.

Da hilft es häufig auch nur bedingt, Zusatzsoftware zu nutzen, die uns etwa verspricht, die Kontrolle im Internet wiederzuerlangen und selbst zu bestimmen, was andere über unsere Daten erfahren. Als Angela Merkel 2014 ihre Sorgen bezüglich der Internetwerbung äußerte, rieten ihr in den sozialen Medien viele zur Nutzung von Adblock Plus, einer Software, die als Add-on zur Browser-Software installiert wird und dafür sorgen soll, dass wir vor Werbung geschützt sind. Dies ist jedoch eine Illusion: Wir sehen die Werbung zwar nicht mehr, aber mit diesem Add-on holen wir uns natürlich noch eine Firma mehr direkt an unsere Türschwelle zum Internet, die unser Verhalten beobachten kann. Und schlimmer noch: Gerade Adblock Plus scheint nicht weniger zu sein als ein moderner Wegelagerer, der einzelnen Werbefirmen (gegen hohe Beträge) anbietet, sie auf ihre «white list» zu setzen, also eine Liste derjenigen Unternehmen, die dann nicht als unerwünschte Werbung gelten und wieder angezeigt werden, wenn man als Benutzer nicht auf Umwegen erreichbare, besonders strenge Optionen bei den Einstellungen auswählt.

Es gibt also durchaus realen Anlass für unsere Sorgen. Das zeigen etwa auch die Ergebnisse einer Studie, die die US-amerikanische Wissenschaftlerin Elizabeth Stoycheff von der Wayne State University in Detroit Anfang 2016 publizierte. Stoycheff hat untersucht, was die Meinungsforscherin Elisabeth Noelle-Neumann als «Schweigespirale» bezeichnet. Menschen, die sich beobachtet und überwacht fühlen, sind, so die Annahme, weniger bereit, ihre Meinung zu äußern, wenn sie glauben, dass diese eine Minderheitenmeinung ist. Stoycheff bat die Teilnehmer ihrer Studie um ihre Ansicht zu einem US-amerikanischen Bombenangriff auf Ziele der Terrororganisation IS im Irak. Der Hälfte der Teilnehmer gab sie im Verlauf der Befragung den zusätzlichen Hinweis, es könne nicht sichergestellt werden, dass die Antworten nicht von der NSA registriert würden. Die Mehrheit dieser Teilnehmer artikulierte ihre Meinung daraufhin deutlich zurückhaltender. Die Ergebnisse dieser Studie stehen im Widerspruch zu der Behauptung, das Internet trage zu einer Demokratisierung der Gesellschaft bei. Im Gegenteil, wenn Menschen, die sich mit ihrer Meinung in der Minderheit fühlen, diese nicht mehr artikulieren, dann besteht die Gefahr, dass sich eine Art Diktatur des Mainstreams entwickelt. «Schwarmdummheit» scheint ein mindestens ebenso häufiges Phänomen zu sein wie die viel beschworene «Schwarmintelligenz».

Ist die Angst davor, eine Minderheitenmeinung in einer geheimdienstlich überwachten Demokratie zu artikulieren, eine rationale Angst? Oder sind wir hier schon bei den irrationalen Ängsten, unserer digitalen Paranoia also? Bei vielen Minderheitenmeinungen ist diese Angst sicher unbegründet. Eine Person des öffentlichen Lebens, die heimlich verbotenes Material im Internet bereitstellt, ist sicher gefährdeter als jemand, der in unserem demokratischen

System eine seltene und möglicherweise kontroverse Meinung äußert.

Hierbei müssen wir jedoch eine Entwicklung genau beobachten: Die Öffentlichkeit in den sozialen Medien entwickelt sich in den letzten Jahren zunehmend zu einer gesellschaftlichen Macht. Der Medienforscher Bernhard Pörksen geht so weit, die «Macht der vernetzten Vielen» als eine «fünfte Gewalt» zu beschreiben – neben der legislativen, judikativen und exekutiven Gewalt sowie der bereits existierenden Macht der klassischen Medien als sogenannter «vierter Gewalt». Auf unser Gefühl, sich frei äußern zu können, hat die «fünfte Gewalt» ähnliche Auswirkungen wie die vierte, wird dabei aber weniger durch demokratisch legitimierte Institutionen reguliert. In Anbetracht der Tatsache, wie schwerwiegend die Folgen für einen Einzelnen sein können, der etwa in einen Shitstorm gerät, ist eine gewisse Angst vor dieser Macht durchaus rational. Aber es ist nicht rational, sich aus Angst vor dieser Macht zurückzuziehen und den Raum denjenigen zu überlassen, die ihn am aggressivsten einnehmen. Je mehr Raum man Ängsten lässt, desto stärker werden sie. Mit Sicherheit lässt sich sagen, dass die Angst vor der Macht der vernetzten Vielen beginnt, irrational zu werden, sobald wir vergessen, dass wir selbst Teil dieser Macht sind. Andererseits dürfen wir, wie ich im zweiten Teil dieses Kapitels darlegen werde, die Aggressoren im Internet nicht einfach ausschließen, sondern müssen uns mit ihnen auseinandersetzen.

Experiment 8
Therapie der digitalen Paranoia

Wie können wir mit der Irrationalität in Sachen Internet-angst umgehen und uns davon weitgehend lösen? Zwei Schritte scheinen mir dafür erforderlich zu sein:

Schritt 1: Wir können Sorgen als das akzeptieren, was sie sind, nämlich eine Auseinandersetzung mit und Vorbereitung auf aktuelle und mögliche Gefahren. Natürlich ist es sinnvoll, darüber nachzudenken, was uns in einer schwierigen Situation erwarten könnte, um nicht davon überrascht zu werden. Damit sich dieses Grübeln aber nicht verselbständigt, müssen wir uns mit den denkbaren Gefahren so konkret wie möglich auseinandersetzen. Studieren Sie doch einmal, und sei es nur versuchsweise, die AGBs der Angebote, die Sie am häufigsten in Anspruch nehmen, und machen Sie sich gegebenenfalls durch weitere Quellen über das Unternehmen schlau – AGBs sind ja oft etwas nebulös formuliert (Seiten wie Wikipedia oder *prism-break.org* können Ihnen dabei weiterhelfen). Wenn Sie die Angebote trotz gegenteiliger Überzeugung in Anspruch nehmen, dann tun Sie das nun wenigstens in Kenntnis des Tatbestandes. Das wird einerseits Ihre diffuse Angst reduzieren, weil Sie jetzt klarer wissen, wovor Sie sich fürchten müssen. Und es wird die Dissonanz vergrößern, die Sie hoffentlich irgendwann dazu bringen wird, an Ihrem Verhalten etwas zu ändern. Prüfen Sie, was Sie allein tun können (zum Beispiel durch Verzicht auf nur scheinbar kostenlose Angebote wie Facebook, Google und Co.), für welche Bereiche Sie die Unterstützung von anderen brauchen (etwa den Umstieg auf eine andere Kommunikationsplattform wie Threema) und für welche Interessen Sie die Vertretung Ihrer demokratischen Vertreter einfordern bzw. selbst politisch aktiv werden müssen.

Schritt 2: Prüfen Sie sich selbst. Das heißt, stellen Sie sich den Ergebnissen aus Schritt 1 und entscheiden Sie sich bewusst, welche Angebote Sie (vielleicht trotz Zweifeln) in Anspruch nehmen wollen, welche nicht mehr und in welchen Fällen Sie im Kleinen oder sogar im Großen aktiv werden wollen. Es spricht nichts dagegen, Tatsachen zu verdrängen oder sich etwas vorzulügen, um das Leben besser aushalten zu können. Wer nur realistisch ist, wird leicht zum Pessimisten. Aber wenn Sie ein diffuses Unwohlsein verspüren, dann wird es Ihnen sehr helfen, sich die Dinge klarer zu machen und sich dann für eine Linie zu entscheiden. Die Entscheidung muss nicht bedeuten, dass Sie zum Revolutionär werden. Damit Sie Ihr eigenes Verhalten akzeptieren können, müssen Sie aber das Gefühl haben, dass es Ihre eigene und aufrichtige Entscheidung war, die Dinge genau so zu tun, wie Sie sie handhaben.

Die gekränkte Fee

Zu unserer irrationalen Angst vor dem Internet trägt sicher auch die stetig wachsende Zahl an bizarren, oft hasserfüllten Portalen bei, auf denen sich Menschen treffen, die in seltsamen Parallelwelten zu leben scheinen. Sie sind Teil einer Minderheit in der Gesellschaft, die sich von der gesellschaftlichen Mehrheit ausgegrenzt fühlt und der Mehrzahl der Politiker genauso wie den großen und öffentlich-rechtlichen Medien im Allgemeinen nicht traut. Die Anhänger dieser Bewegungen, die sich vor Ort vielleicht seit Jahrzehnten an ihren Stammtischen treffen und schon immer genau diese Meinungen vertreten haben, finden nun durch das Internet in großem Maßstab zueinander; ihre Ansichten werden öffentlich und dadurch mit großer Vehemenz in unser Bewusstsein gespült. Denn auf einmal kommentieren sie hasserfüllt die Online-Artikel großer Zeitungen, schreiben hetzerische Beiträge in den sozialen Medien und treffen sich zu Demonstrationen, die sie über das Internet organisieren. Und während in der Öffentlichkeit noch darüber diskutiert wird, wie wir einige Tausend Männer aus ärmsten nordafrikanischen Verhältnissen in unsere Gesellschaft integrieren können, dämmert es dem größeren Teil der Gesellschaft und den Politikern, dass die viel größere Integrationsaufgabe möglicherweise darin bestehen wird, zehn bis zwanzig Prozent der Bevölkerung, deren Existenz im Prä-Internet-Zeitalter jahrzehntelang erfolgreich verdrängt wurde, in unsere Gesellschaft einzubinden und als ein Teil von ihr zu akzeptieren.

Das Internet entfaltet einen großen Teil seines Potentials dadurch, dass es uns ermöglicht, aufgrund ähnlicher Interessen und Bedürfnisse auch über weite Strecken und räumliche Hindernisse hinweg zueinander zu finden und uns zu vernetzen. Damit kann es einsamen, ausgegrenzten oder unterdrückten Menschen eine Hilfe und Unterstützung sein. Der Arabische Frühling, während dessen sich Demonstranten über Twitter und andere soziale Medien vernetzten, um sich zu organisieren, ist ein gern zitiertes Beispiel dafür. Doch sosehr wir uns im Fall eines autokratischen Regimes über oppositionelle Meinungen freuen, die über das Internet ihren Weg in die Öffentlichkeit finden, so wenig schätzen wir in unserer demokratischen Gesellschaft Weltverschwörer und aggressive Extremisten, die das Gleiche tun.

Bei einigen dieser Gruppierungen erklärt sich die Wut auf die restliche Gesellschaft schlicht und ergreifend durch offenkundige Verzweiflung: Weil die Mehrheit zum Beispiel einfach nicht verstehen will, dass es sich bei den von Flugzeugen am Himmel hinterlassenen Spuren nicht um harmlose «Kondensstreifen» handelt, sondern um gefährliche «Chemtrails». Chemtrails sind angeblich von Flugzeugen erzeugte Giftwolken, die die Bevölkerung in bestimmten Regionen reduzieren sollen und mithilfe derer sogenanntes «Geoengineering» betrieben wird. Gegen solche Chemtrails gibt es Demonstrationen – vor allem seit der Verbreitung dieser Vorstellung durch das Internet. Bei anderen Gruppierungen dagegen ist das vorrangige Ziel die Verbreitung aggressiven Gedankenguts. Dazu zählen radikale und chauvinistische Bewegungen, die via Netz ihrer Wut auf Minderheiten freien Lauf lassen und sich in ihrem paranoiden Weltbild gegenseitig bestärken.

Diese aggressiven Paranoiker im Netz tragen wiederum ihren Teil bei zu unserer digitalen Paranoia. Wir fragen uns, woher all diese aggressiven Menschen auf einmal kommen und warum wir uns so schlecht dagegen wehren können. Und wir machen uns Sorgen: Kann sich diese Wut auch gegen uns richten? Ist es noch sicher, sich frei im Internet zu äußern, oder setzen wir uns damit der Gefahr aus, selbst zum Ziel solcher Aggressionen zu werden? Dass Journalisten besorgte Kolumnen schreiben und Politiker schärfere Gesetze und Verbote fordern, scheint nur wenig an dem Problem zu ändern. Um dieses Phänomen besser zu verstehen, müssen wir uns zunächst eingestehen, dass hinter den paranoiden Ideen solcher Bewegungen sehr ähnliche Motive stecken wie hinter unserer eigenen digitalen Paranoia. Sie haben viel mit der Unübersichtlichkeit einer (auch durch das Internet) immer komplexer werdenden Welt zu tun.

Für die Integrität der menschlichen Psyche gibt es kaum etwas, das so bedrohlich ist wie das Gefühl «frei flottierender Angst», also eines Zustands ungerichteter, haltloser Panik. Um diesem Zustand zu entgehen, sucht sich unsere

Psyche in einer Situation tiefer Verunsicherung ein Ventil, zum Beispiel eine Phobie wie die Höhenangst oder eben paranoide Überzeugungen. Und die Verunsicherung in Bezug auf die Welt nimmt zu: Woher sollen wir wissen, dass sie morgen noch existiert? Zumindest so, wie wir sie kennen? Wie fundamental verändert sich die Gesellschaft durch Globalisierung, Zuwanderung, Digitalisierung?

Einige Menschen suchen angesichts dieser Verunsicherung Zuflucht in der Xenophobie, also der Angst vor dem Andersartigen, Fremden. Die Paranoia vor einer «überfremdeten» Gesellschaft bietet sich als Ausweg aus der frei flottierenden Angst angesichts einer zunehmend unerklärbaren Welt an. Die Vernetzung mit anderen Weltverschwörern und Paranoikern im Internet hilft den Verunsicherten, ihre Unsicherheit zu kanalisieren und die Welt so etwas weniger bedrohlich zu machen – mit jedoch teilweise schwerwiegenden Auswirkungen für andere Teile der Gesellschaft. Wir kommen damit an einen Punkt, an dem die ursprüngliche Stärke des Internets, unbegrenzte Meinungsäußerung zu erlauben, dazu führt, dass es zu einem Ort wird, an dem wir uns nicht mehr wohlfühlen und Angst haben müssen – ein realer Grund für digitale Paranoia. Aber was können wir dagegen tun?

Dazu ein Fallbeispiel, kombiniert mit einem Märchen. Das Fallbeispiel basiert auf einer öffentlichen Person, Dirk G., der mir nur in der Zeitung begegnete und mit dem ich nie gesprochen habe. Die biografischen Daten, die ich zur Entwicklung dieses Fallbeispiels genutzt habe, habe ich ausschließlich im Internet recherchiert und anschließend genau wie eine Patientengeschichte oder ein Fallbeispiel verändert und anonymisiert. Denn die Geschichte ist wahrscheinlich ziemlich austauschbar und es geht in diesem Buch um grundsätzliche Prinzipien und nicht um die biografische Darstellung von Individuen.

Das Märchen, das ich versprochen habe, ist das Märchen von Dornröschen. Mich interessiert daran insbesondere die böse Fee. Denn möglicherweise war die böse Fee im Märchen von Dornröschen zunächst gar nicht böse, sondern wurde erst durch die ihr widerfahrene Zurückweisung dazu. Erst das Nicht-eingeladen-Werden zum Geburtsfest der neuen Königstochter bewog sie laut den Gebrüdern Grimm dazu, einen Wunsch gegen das kleine Kind auszusprechen, nämlich dass es sich an einer Spindel stechen und sterben sollte. Die Tatsache, dass sie aus Wut über die fehlende Einladung dem Kind den Tod wünscht, spricht zwar für eine erhöhte Kränkbarkeit und einen Hang zu überschießenden Aggressionen schon vor dem Ereignis. Das Königspaar mag die Kenntnis davon dazu veranlasst haben, die Gelegenheit eines fehlenden Tellers als gute Ausrede zu nutzen, einen unsympathischen Menschen nicht einladen zu müssen. Andererseits zeigt ihr Verhalten aber auch, wie wichtig es ihr vermutlich gewesen wäre, als geladener Gast mit am Tisch sitzen zu dürfen. Natürlich müssen wir das Verhalten der bösen Fee mit aller Deutlichkeit verurteilen («Das unschuldige Kind – wegen einer verdammten Einladung zu einem Essen!»). Aber wir müssen uns auch fragen, was passiert wäre, wenn das Königspaar nicht unter dem fadenscheinigen Vorwand eines fehlenden Tellers alle außer einer weisen Frau eingeladen hätte. Mit anderen Worten: Exklusion rechtfertigt nicht jede Form von Aggression – aber durch Inklusion von Menschen, die uns unsympathisch sind, lassen sich Aggressionen möglicherweise vermeiden. Kränkbare Menschen sind ja nicht per se schlechte Menschen, sondern erst einmal verletzliche Menschen, die sich dermaßen angreifbar vorkommen, dass sie bei jeder gefühlten Bedrohung sofort die emotionale Atombombe zünden.

Nun aber zu unserem Fallbeispiel, dem Anfang vierzigjährigen Dirk G. Aufgrund der vorliegenden Informationen ist bei ihm von der skizzierten Feen-Dynamik auszugehen. G. wurde im Osten Deutschlands geboren und erlebte den gesellschaftlichen Umbruch der Wende mitten in seiner Pubertät. G.s pubertäre Verunsicherung wurde nicht nur durch den gesellschaftlichen Umbruch verstärkt, sondern auch durch die wahrscheinliche Identitätskrise der Eltern, deren bisheriges Selbstverständnis durch die Wende in Frage gestellt wurde. Es ist sehr schwierig, in einer solchen Zeit gegen seine Eltern aufzubegehren, sich abzugrenzen und seinen eigenen Weg zu finden. In der Tat lässt sich schon einige Jahre nach der Wende deutlich feststellen, wie zwiegespalten G. war: Einerseits begann er, im traditionellen elterlichen Betrieb mitzuarbeiten, andererseits fing er an, straffällig zu werden. Den drohenden

Strafen wiederum versuchte er, sich durch Flucht zu entziehen. Es ist deshalb unwahrscheinlich, dass bei ihm so etwas wie Einsicht vorhanden war. Eher müssen wir annehmen, dass G. aufgrund seiner Geschichte ein ambivalentes Verhältnis zu bestehenden Regeln und Normen hatte.

Wie gesagt: Paranoide Annahmen und Verschwörungstheorien entstehen meistens, wenn unser Gehirn widersprüchliche oder unklare Informationen nicht ausreichend erklären und zuordnen kann und die dadurch entstehende Ungewissheit zu einem bedrohlichen Zustand wird. Wir entwerfen dann eine Geschichte, mit der wir uns die Geschehnisse erklären, und verzichten dabei lieber auf die Wahrheit als darauf, eine schlüssige Story für unseren Lebensalltag zu haben. G. aber hatte noch keine schlüssige Story. Mit den Regeln des Staates, in dem er lebte, identifizierte er sich nur bedingt. Gleichzeitig hatte er das Bedürfnis nach Halt und Struktur, nach Kontinuität und Sicherheit. Und tief in ihm steckte wahrscheinlich eine große Angst vor der Ungewissheit in einer sich ständig verändernden Welt. Diese Biografie könnte auch gut zu einem «islamistischen» Attentäter passen, dessen Hass sich gegen die westliche Gesellschaft richtet.

G. meinte auf einmal zu erkennen, dass es in der Mitte unserer Gesellschaft eine Minderheit gibt, deren Überzeugung ganz und gar anders ist als die Grundhaltung des «normalen Deutschen». Seine Gedanken drehten sich immer mehr um diese Minderheit. Er steigerte sich in den

Gedanken hinein, dass diese Minderheit eine Bedrohung für den Rest der Gesellschaft darstellt. G. äußerte diese Meinung zunächst nur im kleinen Kreis, wo er immer wieder viel Zustimmung erfuhr. Zum «Durchbruch» kam es erst durch das Internet: Eines Tages lud G. auf einer Facebook-Seite dazu ein, gegen diese Minderheit zu demonstrieren. Nicht nur das Verhalten dieser Menschen, sondern auch die Untätigkeit der Politiker und die Falschinformationen durch die Presse seien nicht mehr hinzunehmen. Man müsse sich zusammentun und auf die Straße gehen.

Überraschenderweise kamen viel mehr Menschen als erwartet zu G.s Demonstration, so dass sie gleich zu einer weiteren aufriefen. Und es wurden immer mehr. Sie alle glaubten diese zunehmend abstruse, paranoide Story von der Minderheit, die nicht zu der deutschen Gesellschaft passe und eine schwerwiegende Bedrohung darstelle. Paranoid war das Ganze nicht aufgrund der Sorgen, dass ein Teil der Gesellschaft mit einem anderen nicht mehr zusammenpassen könnte, sondern dadurch, dass der Diskurs völlig unsachlich wurde und sich die Behauptungen immer mehr von der Realität lösten. Und je mehr sie dies taten, desto stärker wurde in G. und seinen Anhängern das Gefühl einer großen Bedrohung. Daraus entstand eine richtiggehende ideologische Bewegung, für die sich sogar die verhassten Medien und Politiker zu interessieren begannen. Und hier erreichen wir einen Punkt, an dem die Entwicklung eine andere Richtung hätte nehmen können: G. reagierte auf das vorwiegend kritische Interesse an seiner Person erst einmal mit Anpassung. Er versuchte, die Forderungen der Bewegung demokratischer zu gestalten, und trat sogar, um der gemeinsamen Sache willen, selbst mehr in den Hintergrund. Es gibt manchmal diesen Punkt im Leben derjenigen, die wir als Narzissten bezeichnen, an dem sie eine echte Chance haben, sich zu ändern: Wenn die von außen kommende Forderung nach Veränderung sie in einem Moment trifft, in dem sie gleichzeitig viel Anerkennung verspüren. Und G. spürte diese Anerkennung: von den Massen, die ihm folgten, und durch die Medien, die zwar kritisch waren, sich aber für ihn interessierten.

Aus Sicht des Psychiaters enthält dieser Punkt in G.s Entwicklung die Chance, es besser zu machen als das arme Königspaar – indem wir der Paranoia in der Gesellschaft durch Ressourcen-orientiertes Denken begegnen. G.s Behauptungen und Forderungen waren in ihrer Pauschalität und Aggressivität gegen eine Minderheit klar zu verurteilen. Aber seine aus der eigenen Verunsicherung entstandene Stärke, diejenigen, die voller Angst in eine ungewisse Zukunft blicken, zu vereinen, darf ruhig als eine besondere Ressource betrachtet werden. An diesem Punkt hätten die Politiker, die Medien und die eigentliche Mehrheitsgesellschaft insgesamt das Angebot von G. annehmen können. Wir müssen die von ihm geführte Masse in ihrer Forderung nach Sicherheit und ihrem Misstrauen ernst nehmen und gleichzeitig die gegen andere Menschen gerichtete Aggression zurückweisen können. Stattdessen richteten sich die Politiker, nachdem sie sich bei ihren Ausflügen in den Populismus den Spott der Medien zugezogen hatten, nun massiv gegen die Bewegung, und die Medien wühlten in G.s Vergangenheit und richteten alle seine bisherigen Ausfälle gegen ihn.

Wir haben anhand der Geschichte der bösen Fee gesehen, dass Exklusion keine Lösung ist. Auch wenn uns diejenigen, die später zur bösen Fee werden, schon vorher unsympathisch sind und sich unangemessen verhalten, können wir sie nicht dauerhaft von der gesellschaftlichen Teilhabe ausschließen. Wir müssen ihre unangemessenen Verdächtigungen zurückweisen, aber ihre gerechtfertigten Sorgen trotzdem gelten lassen. Bei G. war dies nicht der Fall, und er vollendete die Mutation zur bösen Fee: G. fühlte sich durch die negativen Presseberichte und die Reaktionen von Politikern, die trotz seiner Versuche von Annäherung zunahmen, verraten und gedemütigt. Er kehrte mit unnachgiebigen Forderungen zurück und gab sich von nun an gar keine Mühe mehr, seine Aggressionen zu verstecken oder den gesellschaftlichen Anschluss zu suchen. Es ging ihm nur noch um das Gefühl, vereint zu sein im Hass mit seinen Anhängern. Es gab eigentlich gar kein Ziel der Bewegung mehr – man traf sich und verlieh dem Hass auf die restliche Gesellschaft Ausdruck und wärmte sich gleichzeitig am Gemeinschaftsgefühl. G. war nicht nur zu einer sehr bösen Fee geworden, er war der Anführer einer ganzen Armee böser Feen. Und wo immer sie auftraten, verbreiteten sie Angst und Schrecken.

Die Idee, mit einem freundlichen Lächeln auf eine solche Horde böser Feen und Trolle zuzugehen, scheint möglicherweise ein wenig naiv. Es ist wie die Wanderung auf einem schmalen Grat: Was müssen wir uns anhören und wo greifen die Gesetze? Was wird als Meinung akzeptiert und was als Aggression zurückgewiesen? Wir wissen, was Beleidigungen sind – aber können wir immer eine gerechtfertigte Meinungsäußerung von unterschwelliger Diskriminierung von Minderheiten unterscheiden? Und wie weit wollen wir gehen? Wir haben eigentlich eine klare Vorstellung von einem gemeinsamen Diskurs als Grundlage gesellschaftlicher Entscheidungsprozesse, und wir haben gute Gesetze, um uns vor Fremdenfeindlichkeit und Aggressionen gegen Minderheiten zu schützen. Unser Problem ist, dass wir uns verhalten wie Dornröschens Vater im Märchen der Gebrüder Grimm: Wir versuchen einfach, den unliebsamen Widersacher zu verdrängen.

Ein großes Problem dabei ist, dass die Gruppen, die sich von einem großen Teil der Gesellschaft nicht verstanden fühlen, Gefahr laufen, sich in einer digitalen Blase zu verkriechen, in der sie vor allem Informationen erhalten, die ihre Überzeugungen noch verstärken. Häufig handelt es sich dabei um eine sehr verzerrte Auswahl von grundsätzlich zumindest teilweise wahren Nachrichten, die zu einem Bild zusammengesetzt werden, das die Realität nicht mehr beschreibt, sondern die verzerrte Weltsicht der Verschwörungstheoretiker bestätigt.

Die Politiker großer Parteien sind oft nicht besonders

gut im Umgang mit bösen Feen: Aus wahltaktischem Kalkül heraus werden lieber die Parolen der Stammtische wiederholt, als sich ihnen entgegenzustellen und politische Macht zu riskieren. Die latent rassistische Unterschriftenkampagne des ehemaligen hessischen Ministerpräsidenten Roland Koch in Hessen gegen die doppelte Staatsbürgerschaft ist ein sehr düsteres Beispiel für dieses Verhalten und aus meiner Sicht nur schwer abzugrenzen von den Wahlkampfstrategien der AfD. Und auch Angela Merkel hat sich zwar ganz klar gegen die populistischen Parolen gestellt – aber der Dialog mit den «besorgten Bürgern» hat trotzdem nicht funktioniert. Dieses Versagen oder Versäumnis hat auch damit zu tun, dass es in Anbetracht der «fünften Gewalt» insbesondere für Politiker immer schwieriger wird, die Kommunikation mit Randgruppen zu suchen. Zumindest, ohne sich der Gefahr auszusetzen, sofort massiv in den sozialen Medien angegriffen zu werden. Sigmar Gabriels Versuch, sich als «Privatmann» mit den Anhängern fremdenfeindlicher Bewegungen auseinanderzusetzen, ging vom Ansatz her eigentlich genau in diese Richtung – wurde aufgrund der Reaktionen in den klassischen und sozialen Medien jedoch für ihn zu einem politischen Debakel.

Experiment 9
Tun Sie etwas ...

… integrieren Sie einen Verschwörungstheoretiker in die aufgeklärte demokratische Gesellschaft, indem Sie ihn aus seiner digitalen Filterblase befreien. Keine Sorge, wenn Sie die sozialen Medien nutzen, werden Sie zumindest in Ihrem erweiterten Bekanntenkreis jemanden finden, der dafür in Frage kommt. Kathrin Passig hat dieses Phänomen in Ihrem Essay «Die Wir-Verwirrung – Kontextfusion und Konsensillusion» wunderbar beschrieben, obwohl sie dort eigentlich versucht, das Phänomen der Filterblase zu widerlegen. Aus meiner Sicht gelingt ihr das zumindest für die Filterblase der Verschwörungstheoretiker nicht überzeugend. Wenn aber jeder vernünftige erwachsene Deutsche einen dieser Verschwörungstheoretiker, die sich via Internet immerhin gut identifizieren lassen, (re-)integriert, sind wir in ein paar Jahren eine wirklich offene Gesellschaft. Und wie soll das gehen?

So «knacken» Sie mit psychotherapeutischen Methoden eine verzerrte Realitätswahrnehmung:

Verschwörungstheoretiker gleichen im Hinblick auf ihre verzerrte Realitätswahrnehmung ein wenig Suchtkranken. Viele Menschen, die an einer Sucht erkranken, haben zunächst oft große Schwierigkeiten, sich deren Realität einzugestehen. Um diesen Menschen helfen zu können, müssen Sie drei wesentliche therapeutische Grundregeln verinnerlichen: (1) Respektieren Sie Ihr Gegenüber und seinen Versuch, mit dieser komplexen Welt zurechtzukommen, im Grundsatz zunächst einmal aufrichtig. Wenn Ihnen die Bereitschaft dazu fehlt, dann können Sie auch nicht helfen. (2) Halten Sie inneren Abstand und lassen Sie sich nicht einwickeln, als Therapeut müssen Sie immer einen kühlen Kopf bewahren können, sonst handeln Sie möglicherweise impulsiv, und von da an geht es meistens schief. (3) Stellen Sie klare Regeln und Grenzen auf! Sie müssen jetzt nicht gleich an der Tür sagen: «Cousin Knut, wenn du wieder mit deinen rassistischen Sprüchen anfangen willst, dann kannst du gleich wegbleiben!» (Damit würden Sie auch grob gegen die erste Grundregel verstoßen). Aber zeigen Sie doch immer wieder deutlich, welche Grenzen es bei Ihnen gibt und dass Sie es nicht tolerieren, wenn diese überschritten werden. Diese drei Dinge vorausgesetzt, können Sie etwas ausprobieren, was man im psychotherapeutischen Jargon *motivierende Gesprächsführung* nennt. Zur vereinfachten Anwendung habe ich die Methode auf drei Schritte heruntergebrochen:

1. Hören Sie Ihrem Gegenüber gut zu und entwickeln Sie ein aufrichtiges emotionales Verständnis für die Sorgen dieser Person (z. B., dass sich die Gesellschaft so rasant verändert und dass ihr das Angst macht).

2. Zeigen Sie, ausgehend von diesem Verständnis, Widersprüche in der Argumentation dieser Person auf (zum Beispiel, dass wir gar nicht – wie von uns beiden offenbar angenommen – grundsätzlich Gegner sind, sondern in wesentlichen Punkten sogar übereinstimmen. Denn selbst wenn wir uns in der Frage

über den Umgang mit nach Deutschland geflüchteten Menschen nicht einigen können, müssen wir trotzdem dem Hass in der Gesellschaft begegnen, wenn wir mit den Herausforderungen der Zukunft – wie der Globalisierung, die ja eine wesentliche Fluchtursache ist – fertigwerden wollen). Verzichten Sie dabei aller Möglichkeit nach auf Konfrontation und äußern Sie stattdessen Verständnis («Vor der Zukunft habe ich momentan auch Angst»). Vermeiden Sie auf jeden Fall den Impuls, Ihrem Gegenüber zu beweisen, dass Sie recht haben.

3. Stärken Sie Ihr Gegenüber in seinem hoffentlich entstehenden integrativen Impuls und motivieren Sie ihn dazu, diese Dynamik fortzusetzen («Mensch, Cousin Knut, ich hatte solche Vorurteile, dabei hast du in vielen Punkten ganz ähnliche Sorgen wie ich und gehst viel offener auf Menschen mit anderen Meinungen zu, als ich erwartet hätte – mir hat das echt Hoffnung gemacht, mit dir zu sprechen»). Auch hier gilt wieder: Tun Sie nur das, was Sie aufrichtig tun können, ansonsten wird es sinnlos.

6. Lassen Sie sich nicht verrückt machen

Macht die Art und Weise, wie wir im Internet kommunizieren, uns depressiv? Macht sie uns einsam und antriebslos? Nachdem wissenschaftliche Studien anfänglich in diese Richtung deuteten, ist die Lage mittlerweile nicht mehr so klar. Nicht alle Veränderungen, die mit der neuen Technik einhergehen, sind auch darauf zurückzuführen. Es gibt zwar negative Effekte wie ausgeprägten Gruppenzwang und eine Enthemmung von Aggressionen. Aber es gibt im Internet auch viele Möglichkeiten, Gleichgesinnte zu finden und Einsamkeit zu überwinden. Und es gibt sogar Chancen für eine Verbesserung der Behandlung und Prävention psychischer Beschwerden.

Zuallererst müssen wir uns fragen, ob die Bewertung der Auswirkungen des Internets nichts mit unseren (veralteten) Maßstäben zu tun hat, also beispielsweise dem weitverbreiteten, diffusen Gefühl bei vielen Menschen ab dreißig, analoge Freunde seien besser als digitale. Gerade in Familien kann der Rückzug der Kinder ins Internet eine – aus Kinderperspektive – sehr sinnvolle Reaktion auf deprimierende Familienverhältnisse sein. Da wird es dann zur Farce, wenn Eltern, die ihre Eheprobleme verdrängen, indem sie sich darauf konzentrieren, das Internetverhalten ihres Kindes zu problematisieren, eines Tages mit ihrem pubertierenden Kind in einer Beratungsstelle vorsprechen, um seine angebliche Internetsucht behandeln zu lassen.

Macht das Internet depressiv?

Haben Sie auch schon eine *Facebook-Depression*, weil Sie sich ständig mit anderen vergleichen müssen, die angeblich Ihre Freunde sind, aber dann eigentlich doch nur digitale Selbstdarsteller? Einerseits durchschauen Sie deren Gehabe natürlich völlig. Andererseits hätten Sie zumindest in schwachen Momenten doch gerne genau das Leben, das die Angeber in Ihre Timeline einspeisen. Erschöpft Sie das manchmal so, dass Sie schon gar keine Motivation mehr haben, sich aufzuraffen oder anzustrengen, weil es Ihnen in Anbetracht dieser Konkurrenz als aussichtslos erscheint? Oder deprimiert Sie eher die Diskussion darüber, dass das Internet uns emotional verarmen lässt, weil Sie zu der diskriminierten Minderheit gehören, die durch die sozialen Medien Gleichgesinnte und Freunde gefunden hat? Oder weil Sie für eine Weile in dieses abgelegene Kaff gezogen sind und nur über das Internet noch Kontakt zu Freunden und zur Familie aufrechterhalten können? Oder haben Sie vielleicht das Gefühl, dass Ihr Verhältnis zum Internet völlig normal ist, dass nur Ihre Familie aus unverständlichen Gründen ständig an Ihrem Online-Verhalten herummeckert, zum Beispiel, weil Sie endlich deutlich weniger wiegen, seitdem Sie in dieser neuen Gruppe sind?

Darüber, was das Internet mit unserer Stimmung, unserem Antrieb und unserem Sozialverhalten macht, streiten sich Wissenschaftler und Intellektuelle, seit es das neue Medium gibt. Besonders spannend finde ich die Studien von Robert Kraut und Kollegen von der Carnegie Mellon University in Pittsburgh, die sich heute in dieser Form in normalen westlichen Haushalten gar nicht mehr durchführen lassen würden. Mitte der 1990er Jahre untersuchten sie zwei Jahre lang an Menschen in 73 Haushalten, wie sich nach dem Anschluss an das Internet die Stimmung und das Sozialverhalten veränderten. Sie kamen zu dem Schluss, dass die sozialen Interaktionen innerhalb der Familien abnahmen, die Freundeskreise litten und die Menschen einsamer wurden. Diese Studie wird von denjenigen, die an den depressiv machenden Effekt des Internets glauben, noch heute als Beweis angeführt. Interessanterweise korrigierten sich Kraut und Kollegen später und publizierten einen weiteren Artikel, in dem sie beschrieben, dass sich dieser Effekt später wieder zurückbildete und dass sich kein Unterschied zwischen Menschen mit und ohne Internet mehr feststellen ließ.

Seitdem hat es eine Vielzahl an wissenschaftlichen Studien zu diesem Thema gegeben, die meistens sehr unterschiedliche Faktoren untersuchen und sich häufig widersprechen. Generell zeichnet sich mittlerweile eine Tendenz dahingehend ab, dass eine durchschnittliche Internetnutzung von einigen Stunden am Tag nicht depressiv macht und nicht zu einem Rückgang sozialer Kontakte führt. Die Tatsache, dass viele Menschen mir erklären, dass die sozialen Medien sie erschöpfen und deprimieren, hat aus meiner Sicht vor allem mit einer Verwechslung zu tun: Wenn ich das Bedürfnis nach Nähe und dem Gespräch mit einem guten Freund habe, dann gehe ich nicht auf ein Schützenfest oder Pop-Konzert. Ich stelle mich für das Gespräch auch nicht neben die drei Kollegen, die immer sofort anfangen, von sich selbst zu erzählen, wenn man sich mit ihnen unterhält. Warum aber führen wir solche Gespräche in den sozialen Medien? Kaum jemand, der mit einem ruhigen, unspektakulären Leben zufrieden ist, hängt gerne permanent mit pöbelnden Selbstdarstellern rum, die ihm erzählen, was sie gerade wieder Tolles geleistet oder unternommen haben. Warum sind diese Menschen dann gefühlt gerade unter unseren Online-Freunden so stark vertreten? Die Aufmerksamkeit, die wir einer Person schenken, wirkt als ein wichtiges soziales Korrektiv – warum machen wir davon im Internet so selten Gebrauch?

Vielleicht gehören Sie ja zu der kleinen Gruppe von Menschen, die sich freuen, wenn sie aus der Haustür treten und gleich eine Blaskapelle zu spielen beginnt, die Sekretärin eines Kooperationspartners Ihnen ein Formular zur Unterschrift hinhält, drei Freunde, die gerade tierisch Probleme haben, sofort mit Ihnen sprechen wollen und Ihr Vater, Ihre Schwester und ein entfernter Vetter Ihnen ihre neuesten Urlaubsfotos unter die Nase halten? Tun Sie nicht? Warum geben Sie sich dann im Internet jeden Tag die volle Dröhnung? Ja, das wissen Sie auch nicht so genau – das Internet macht es halt möglich. Aber nur, weil Sie ein Auto haben, fahren Sie ja auch nicht jeden Tag stundenlang zu allen Ihren Freunden. Autofahren ist anstrengender, meinen Sie? Aha, Sie geben sich also die soziale Überdosis, weil es Sie entspannt? Das klingt irgendwie paradox. Und was hat das genau mit dem Internet zu tun?

Wie Sie wissen, habe ich viel an mir selbst ausprobiert und bin mittlerweile an dem Punkt angekommen, dass ich Tätigkeiten und soziale Interaktionen trenne – zwar nicht ganz so streng nach Orten, aber nach Geräten. Ich habe einen Dienst-Laptop an der Charité, auf dem ich die dienstlichen E-Mails empfange. Ich habe ein Tablet für den Studentenunterricht, auf dem ich die Unterrichtsmaterialien speichere und das ich in Kleingruppen einsetze, um zum Beispiel Röntgenbilder vorzuführen (ja, auch Psychiater arbeiten manchmal mit Röntgenbildern). Auf meinem Smartphone kommen nur private E-Mails an und das MacBook, mit dem ich dieses Buch schreibe, empfängt weder E-Mails noch Nachrichten aus den sozialen Medien, so kann ich mich am besten konzentrieren. Die E-Mails nicht regelmäßig zu checken, wenn ich ein E-Mail-Programm im Hintergrund laufen habe, gelingt auch mir nicht. In den sozialen Medien bin ich ohnehin kaum noch vertreten, mir waren die digitalen Blaskapellen irgendwann zu viel. Ich bin nur auf Twitter, und dort habe ich momentan auch nur einen Kontakt, der sich darüber beschwert hat, dass ich überhaupt nicht in den sozialen Medien vertreten bin. Auf Facebook war ich zuletzt 2009, das hat mich ganz schnell überfordert. Ich kam über die Frage, was Freundschaft auf Facebook genau bedeutet, nie wirklich hinaus. Und ich hatte einige Menschen in Therapie, für die der Abschied von Facebook schlicht eine Befreiung war. Andere sind dabeigeblieben und haben sich daran gewöhnt – und die sind auch nicht minder glücklich. Es ist eben, wie immer, eine Frage der persönlichen Bedürfnisse. Ich unterhalte mich am liebsten mit meinen Nachbarn, mit den Besitzern der Geschäfte, in denen ich einkaufe, und telefoniere viel. Aber ich habe Freunde, die Gespräche im Internet gerade deshalb bevorzugen, weil sie die Art der Kommunikation dort mögen und auch, weil sie die Gespräche bei Bedarf später noch einmal nachlesen können.

Richtig aktiv bin ich allerdings auf einer anderen sozialen Plattform im Internet. Ich bin bei einem Anbieter, bei dem ich meine Laufrunden hochladen kann, und bin dort mit meinem Bruder befreundet, der in Kanada regelmäßig laufen geht. Und das kann ich sehr empfehlen – durch gemeinsame Selbstvermessung im Internet kann man sich wunderbar motivieren. Aber auch diese Medaille hat wieder zwei Seiten: Der positive Effekt solcher Interaktionen scheint vor allem bei Kontakten mit Menschen, die wir ohnehin gut kennen, stark ausgeprägt zu sein. Wenn man hingegen viele Freunde in den sozialen Medien hat, die man eigentlich kaum kennt, führt das bei einigen Menschen zu einem negativeren Selbstbild und kann so auf das Selbstwertgefühl und die Stimmung schlagen. Bei Menschen, die uns unbekannt sind, können wir deren Selbstdarstellung weniger gut beurteilen und nehmen die möglicherweise übermäßig positive Darstellung ihres Lebens als realistisch wahr. Im Vergleich dazu erscheint uns das eigene Leben dann sehr fade und grau. Könnten wir bei diesen entfernten Bekannten hinter die Kulissen schauen, würden wir nicht nur auf reale, sondern in den meisten Fällen auch auf deutlich realistischere Menschen treffen. Aber diesen Schritt gehen wir von den sozialen Medien aus meistens nicht. Außerhalb des Internets verhält sich das mit der Selbstdarstellung genauso – aber da befinden wir uns oft in homogeneren Gruppen oder haben uns an vorhandene Strukturen gewöhnt und Wege gefunden, soziale Unterschiede irgendwie einzuordnen. Ich kenne das gut aus dem Krankenhaus: Es ist nicht immer leicht, mit verschiedenen Berufsgruppen auf Augenhöhe zusammenzuarbeiten und dann im privaten Kontakt die materiellen Unterschiede ohne weiteres in den Hintergrund treten zu lassen, die durch die verschiedenen Einkommensstufen bestehen. Deswegen fand ich es auch immer schwierig, mit Arbeitskollegen auf Facebook befreundet zu sein – als ich noch bei Facebook war.

Die Gewöhnung an diese Strukturen außerhalb des Internets geht sogar so weit, dass mehr Gleichberechtigung als bedrohlich empfunden werden kann. Als ich zu Anfang meiner ärztlichen Tätigkeit von der Unzufriedenheit der Kollegen in der Pflege oder der Ergotherapeuten erfuhr, bot ich einmal an, auf den Differenzbetrag zwischen meinem und ihrem Gehalt zu verzichten und ihn gerecht zwischen uns aufzuteilen, wenn auch die Verantwortung gerecht geteilt würde. In Skandinavien liegen die Gehälter im Krankenhaus beispielsweise näher beieinander und die Hierarchien sind deutlich flacher. Aber in Deutschland wurde ich für meinen Vorschlag ausgelacht. Wir haben uns im Leben außerhalb des Internets stark an die Strukturen gewöhnt, die soziale Unterschiede (und Ungerechtigkeit) als selbstverständlichen Teil unseres Lebens erscheinen lassen. Im Internet ist das anders, da gibt es diese Hierarchien deutlich weniger, auch in Deutschland. Die materiellen Unterschiede, die sich in Urlaubsreisen, Kleidung oder sonstigen Anschaffungen abbilden, die fotografiert und hochgeladen werden können, schmerzen deshalb häufig umso mehr. Für viele, mit denen ich gesprochen habe, kann das deprimierend sein, vor allem in Zeiten, in denen jemand auch aus anderen Gründen selbstunsicher ist, zum Beispiel nach dem Verlust eines Jobs oder während eines schwierigen Lebensabschnitts wie der Pubertät.

Gerade in der Pubertät entfalten die negativen Effekte der sozialen Medien mitunter eine fatale Wirkung. Wenn die Eltern als Vorbilder und Autoritäten an Einfluss verlieren, dann begegnen Jugendliche im Internet einer derartigen Vielfalt an Alternativen, dass das verwirrend sein kann und es manchmal schwer wird, Hilfreiches von Gefährlichem zu unterscheiden. Für homosexuelle Jugendliche in Russland, wo eine positive Äußerung über Homosexualität im Beisein von Jugendlichen seit 2013 illegal und mithin eine offene Sexualberatung für Jugendliche unmöglich ist, ist die Vernetzung mit erfahreneren Gleichgesinnten die Rettung. Und nicht nur in Russland: In Gesprächen mit Kathrin Passig wurde mir schnell deutlich, dass das Internet für sie auch eine Befreiung aus der dörflichen Enge ihrer Herkunft bedeutete, was ihre sehr positive Haltung diesem Medium gegenüber teilweise erklärt (teilweise hat sie mit ihrer Haltung natürlich auch einfach recht).

Richtiggehend bedrohlich wird es jedoch durch Gruppen wie Pro-Ana (für Anorexie, das heißt Magersucht) oder Pro-Mia (für Bulimie, das heißt Ess-Brech-Sucht), in denen Essstörungen verherrlicht und Erwachsene, Jugendliche (und Kinder) zu essgestörtem Verhalten motiviert und durch andere Gruppenmitglieder unterstützt und ermuntert werden. Wenn Ihr Kind Teil einer solchen Gruppe geworden ist, dann müssen Sie therapeutische Hilfe suchen – und zwar bei einem Spezialisten. Spezialisten sind nicht diejenigen, die auf Online-Portalen wie *therapie.de* Essstörungen als Teil ihres Behandlungsspektrums mit aufgeführt haben, sondern zunächst einmal Ambulanzen und Beratungsstellen größerer Kliniken oder Universitäten. Gerade Essstörungen können sich zwar mitunter «auswachsen», aber häufig sind sie zähe und vor allem gesundheitsschädliche und potentiell lebensbedrohliche Erkrankungen.

Es gibt noch weitere Bewegungen dieser Art. Wichtig bei der Beurteilung dieses Phänomens ist mir vor allem, dass die Art und Weise, wie es auftritt, zwar etwas mit dem Internet zu tun hat – aber das Grundproblem gab es schon lange vorher: Eltern, die die Autorität über ihre

Kinder an Gruppen verlieren, denen die Kinder mehr Bewunderung entgegenbringen und in denen sie bedrohliche Dinge tun, um die Anerkennung der anderen Gruppenmitglieder zu erlangen. Was das Internet auszeichnet, sind der unbegrenzte Zugang zu solchen Gruppen und der häufig fehlende Überblick der Erwachsenen. Dazu kommt, dass die kulturelle Vielfalt, die das Internet ansonsten positiv auszeichnet, hier zu einem erschwerenden Faktor wird, weil sich die Bedrohlichkeit der Situation dadurch noch schwieriger einschätzen lässt. Ursprünglich kommen beispielsweise Pro-Ana und Pro-Mia aus den USA, wo eine deutlich andere Jugend- und Körperkultur und ein anderes Verhältnis zur Ernährung herrschen als in Deutschland.

Aber noch ein Wort zur Therapie Ihrer Kinder: Die Mitarbeiter der Berliner Beratungsstelle «Lost in Space» beschrieben mir, dass immer wieder Eltern mit ihren Kindern im Pubertätsalter kommen, die dann brav angeben, sie seien «internetsüchtig». Die Internet-Scharlatane unter uns Psychiatern würden ob dieser vermeintlichen Einsicht vermutlich jubeln. Sie sehen dabei nicht, dass sie ein Problem verstärkt haben, das wir schon vor dem Internet kannten: das Phänomen des «Index-Kindes». Es ist aus meiner Sicht so gut wie ausgeschlossen, dass ein Kind von alleine «schwierig» wird. Das heißt nicht, dass die Eltern schuld sind, sondern dass sich Probleme in Familien fast immer im Zusammenspiel der Familienmitglieder untereinander und mit ihrem direkten Umfeld entwickeln. Als Index-Kind bezeichnen wir dabei ein Kind, das mit seinen

Symptomen für die Probleme des umgebenden sozialen Systems insgesamt steht. Ein Klassiker sind Kinder, die in der Schule auffällig werden, weil ihre Eltern ungelöste Beziehungsprobleme haben. Für die betreffenden Eltern bedeutet es eine willkommene Ablenkung von ihren Differenzen, wenn sie sich auf die Probleme ihres Kindes und deren Behandlung konzentrieren.

Ein Mann erzählte mir beispielsweise, er habe das an seinem kleinen Sohn beobachtet: Wenn seine Frau und er in Streit gerieten, dann würde der kleine Sohn ewig Online-Filme anschauen und werde wahnsinnig ärgerlich, wenn man ihm das iPad wegnehmen wolle. Aber wenn die Stimmung gut sei und er und seine Frau den Sohn in die Dinge, die sie tun, mit einbeziehen, dann verliere er nach zwanzig Minuten das Interesse an dem Teil. Klar, wenn man in Filme eintaucht, dann bekommt man die schlechte Stimmung (oder in vielen Familien auch einfach nur das Desinteresse der Eltern) weniger mit. Da kann ich den Sohn gut verstehen. Aber selbst wenn der Sohn aus dieser Dynamik heraus den ganzen Tag nur noch Filme schauen würde, dann wäre das primär ein Problem, welches das Ehepaar erzeugt hätte, und der Sohn hätte einfach nur sehr klug die in seinen Augen beste Lösungsmöglichkeit ergriffen. Mit ihm dann in ein paar Jahren zu einer Beratungsstelle zu gehen und ihn sagen zu lassen, er sei Tablet-süchtig, weil die Eltern ihre Probleme nicht geklärt haben, würde der Situation nicht gerecht werden. Eher müssten die Eltern sagen: «Unser Sohn hat sich im iPad verkrochen, weil wir ein Eheproblem haben.» Könnte das nicht sogar paradigmatisch für die uns nachfolgende Generation sein, um deren Seelenheil wir uns aufgrund des Internets so große Sorgen machen? Vielleicht sind sie mit ihrem Online-Verhalten die Index-Patienten einer vereinsamenden Gesellschaft, in der es uns nicht gelingt, das, was wir eigentlich für richtig halten, auch zu tun und unseren Kindern zu vermitteln.

Experiment 10
Machen Sie jemanden einen Tag lang glücklich und beobachten Sie sein Internetverhalten

Haben Sie das Gefühl, dass jemand in Ihrem Umfeld zu viel Zeit im Internet verbringt, mit dem Sie gerne mehr Zeit verbringen würden? Dann nehmen Sie doch mal die Herausforderung an, diese Person aus dem Internet herauszulocken. Betrachten Sie dabei das Internet als eine Mischung aus der ultimativen *comfort zone*, aus wahnsinnig spannenden Angeboten und aus einem hilfreichen Schildkrötenpanzer, der gegen Herausforderungen und Bedrohungen der Welt schützt. Beachten Sie zudem, dass das wiederholte, ständige Starren vieler Menschen auf ihr Smartphone eine Art *checking behavior*, also ein Zwangsverhalten, sein kann.

Nicht nur Menschen mit schweren, klinisch relevanten Zwangsstörungen zeigen ein solches Verhalten, sondern auch viele Menschen im Alltag. Sie tun es halt nicht ständig, sondern nur etwas öfter. So schauen sie zum Beispiel zweimal, ob sie die Haustür hinter sich zugeschlossen oder den Herd ausgemacht haben. Fast immer ist das ein Zeichen von gesteigerter Verunsicherung. Aber zum einen ist es noch lange nicht pathologisch, dass man sich häufiger rückversichert, wenn man verunsichert ist, und zum anderen ist ein solches Verhalten gerade in Bezug auf das Internet sehr verständlich – dort passiert ja auch ständig etwas. Und das ist potentiell wichtiger als die Dinge in der aktuellen Umwelt, die man – im Gegensatz zum Internet – relativ schnell eingeschätzt hat.

Wenn Sie sich zu diesem Experiment entschließen, dann denken Sie bloß nicht nur an Kinder und Jugendliche! Es könnte sein, dass wir uns bei der Frage der Wertschätzung internetfreier Zeit leicht vertun. Als ich kürzlich zu Beginn des Semesters eine neue Kleingruppe unterrichtete, waren die Einzigen, die ihr Handy auf dem Tisch liegen hatten, ein Student Mitte vierzig und ich. Und als ich die Gruppe bat, sich zu vernetzen und mir einen Ansprechpartner für kurzfristige Terminänderungen zu nennen, war *er* es, der vorschlug, eine WhatsApp-Gruppe aufzumachen. Das hatte ich nicht erwartet. Ich hatte gedacht, dass die Jüngeren komplett vernetzt sind und ständig mit ihren Smartphones spielen. Man achtet halt auf das, was man erwartet. Laufen Sie doch mal einen Tag durch die Stadt und achten Sie nur auf das Smartphone-Verhalten von Menschen zwischen dreißig und fünfzig statt auf das von Jugendlichen.

Und jetzt machen Sie das Gleiche in Ihrem engeren Bekanntenkreis und Ihrer Familie. Haben Sie sich jemanden zwischen dreißig und fünfzig ausgesucht, den Sie gerne mögen und dessen Internetverhalten Ihnen übermäßig erscheint, dann unternehmen Sie etwas zusammen und versuchen dabei, richtig Spaß außerhalb des Internets zu haben. Kochen Sie zusammen, fahren Sie Kanu, führen Sie ein gutes Gespräch – aber gehen Sie nicht auf das Internetverhalten des anderen ein und insbesondere: kommentieren Sie es nicht. Beobachten Sie es nur. Und beobachten Sie Ihr eigenes.

Haben Sie auch bisweilen Lust, ins Internet zu gehen, wenn Sie sich gerade ein wenig mit Ihrem Partner langweilen? Wann fühlt es sich stimmig an, das Internet einzeln oder gemeinsam zu nutzen (etwa: «Ich muss kurz schauen, ob mein Sohn mir geschrieben hat, der wirkte heute Morgen irgendwie traurig, und ich will für ihn da sein, wenn er sich meldet» oder: «Komm, wir suchen mal ein schönes Rezept im Internet aus»). Und, ist das schlecht? Ist es in einem Moment der Langeweile vielleicht besser, dass beide kurz im Internet versinken (zum Beispiel nach dem Essen bei einem Glas Wein kurz nach neuen Nachrichten schauen – vielleicht statt eine Zigarette zu rauchen?), um dann später gemeinsam etwas anderes zu machen, zum Beispiel tanzen zu gehen? In welchen Momenten fühlt es sich stimmig an, aus dem direkten, analogen Kontakt heraus einzeln oder gemeinsam das Smartphone anzuschalten? Und an welcher Stelle haben Sie das Gefühl, das Internet nimmt Ihnen etwas von dem sozialen Miteinander, das Sie gerne mit dieser Person hätten? Wenn Sie die betreffende Person auf das Experiment ansprechen, dann legen Sie den Fokus nicht auf Ihre eigenen Mühen, sondern darauf, dass Sie Ihr gemeinsames Verhalten beobachtet haben und dass Sie das entweder sehr stimmig finden oder dass Sie sich etwas anderes wünschen. Entscheiden Sie gemeinsam, welche Rolle das Internet haben kann und soll, wenn Sie Zeit miteinander verbringen. Und sprechen Sie darüber ruhig mit verschiedenen Menschen, je mehr, desto besser.

Statt zu vereinsamen, können wir das Internet nutzen, um besser füreinander zu sorgen

Ich kann nicht lange fernsehen, weil ich ohne Fernseh-apparat aufgewachsen bin und mich nie daran gewöhnt habe. Aber ich habe meine Freunde in der Schule bewun-dert und beneidet, die nachmittags entspannt vor dem Fernseher hingen und Serien oder Musikvideos geschaut haben und trotzdem viele Freunde hatten und gut in der Schule waren. Das Fernsehen war einfach eine zusätzliche Tätigkeit – so wie ich halt vor allem Bücher gelesen habe, weil es die bei uns im Überfluss gab. In der Schule war ich sogar weniger sozial als die anderen, weil ich nicht mit-reden konnte. Über «Beverly Hills, 90210» zum Beispiel – daran erinnere ich mich noch sehr genau. Keiner meiner Mitschüler, die zu dieser Zeit viel ferngesehen haben, ist verblödet. Ohne Fernseher war aber ich damals gewiss derjenige, den die meisten für verrückt hielten. Und ein bisschen deprimiert war ich als Bücher lesender Außensei-ter auch. Was war da schon wieder mit Dylan und Bran-don los? Ohne Fernseher konnte ich nicht mitreden.

Beim Internet ist das anders, da können theoretisch alle mitreden – aber dadurch, dass alle alles sehen können, sind wir auch ungeschützter. Pornofilme liefen im Fernse-hen nur nachts, und in den meisten Nächten wäre es auch aufgefallen, wenn man als Schüler ins Wohnzimmer gegangen wäre, um Pornos zu gucken. Und was in der Kiste lief, war auch ziemlich harmlos (haben Sie mal «Liebesgrüße aus der Lederhose» im Privatfernsehen gesehen)? Ich will mich hier nicht als Jugendschützer aufspielen, aber so etwas würde ich sogar meinen Sohn mit vierzehn schauen lassen. Pornofilme im Internet würde ich ihm in diesem Alter hingegen gern verbieten. Das wird mir aber nicht möglich sein, denn Jugendliche zeigen sich so etwas gegenseitig, und ich will meine Kinder nicht strenger überwachen als die NSA. Aber ich kann versuchen, mit ihnen über ihre Erfahrungen im Internet zu reden, und ich kann sie auf ihr Verhalten ansprechen, wenn ich mir Sorgen mache – genauso wie ich sie ansprechen würde, wenn sie sich nicht mehr mit Freunden aus der Schule träfen und sich aus sozialen Kontakten zurückzögen –, denn das kann ein Zeichen einer Krise sein.

Ich habe weiter vorne geschrieben, dass die aktuelle Studienlage die Feststellung eines direkten Zusammenhangs zwischen Internetnutzung und depressiven Symptomen nicht zulässt. Aber es gibt eine Ausnahme: Bei exzessiven Internetnutzern scheinen depressive Symptome und Vereinsamung häufiger vorzukommen. Das bedeutet noch nicht, dass exzessive Internetnutzung depressiv macht. Es scheint viel eher so zu sein, dass sich darin ein klassisches Symptom einer bereits vorher bestehenden Depression abbildet: der soziale Rückzug. Aber auch dieser Effekt ist beim Internet nicht so stark ausgeprägt wie bei weniger interaktiven Medien, beispielsweise dem Fernsehen.

Im Internet könnte er uns jedoch eher auffallen als beim Fernsehen. Damit kommen wir zu einem Punkt, den ich sowohl für Menschen, die im psychiatrisch-psychotherapeutischen Bereich arbeiten, als auch für Angehörige von Menschen mit psychischen Beschwerden sehr wichtig finde: Wenn die Betreffenden damit einverstanden sind, können wir die sozialen Medien nutzen, um sie besser zu verstehen und zu begleiten. Therapeuten können sich von ihren Patienten beispielsweise die Verläufe von sozialen Interaktionen im Internet oder die Daten von Fitness-Trackern zeigen lassen. Aber, was viel wichtiger ist, man kann Notfallstrategien mit Angehörigen entwickeln. Viele Probleme lassen sich schon frühzeitig an Veränderungen im Sozialverhalten erkennen. Und wenn es sich wiederholende Probleme sind, wie depressive oder manische Episoden, dann kann man einen Plan machen, bei welchen Anzeichen wie reagiert werden soll. Nicht nur zum Schutz der betroffenen Person, sondern auch zum Schutz des Umfeldes.

Ein bekanntes Beispiel aus den USA ist das Twitter-Verhalten von Amanda Bynes. Bynes begann ihre Karriere als professionelle Schauspielerin mit sieben Jahren. Mit dreizehn hatte sie ihre erste eigene Comedy-Show im Fernsehen und spielte dann in Teenie-Komödien wie «Lügen haben kurze Beine» oder «Was Mädchen wollen» mit. Mit Anfang zwanzig lief es nicht mehr so gut, woraufhin sie 2012 mit 26 Jahren ihren Rückzug aus dem Filmgeschäft verkündete – auf Twitter. Im darauffolgenden Jahr wurde sie nach einer Reihe auffälliger Twitter-Nachrichten und einem Feuer, das sie in der Einfahrt einer Nachbarin gelegt hatte, in eine psychiatrische Klinik eingewiesen und nach Entlassung unter die Aufsicht ihrer Mutter gestellt. Im Jahr 2014 wiederholte sich dieses Verhalten in dramatischer Ausprägung: In einer Reihe auffälliger Twitter-Nachrichten schrieb sie, ihr Vater habe sie als Kind körperlich und seelisch missbraucht. Am darauffolgenden Tag schrieb sie, dass dies nicht stimme und dass sie es gesagt habe, weil ihr Vater ihr einen Mikrochip implantiert habe. Es folgte die erneute Aufnahme in ein Krankenhaus.

Geht man heute auf ihren Twitter-Account, sieht man das Profil einer jungen Frau mit vielen Followern und nur wenigen Nachrichten – sie hat ihre Vergangenheit auf Twitter gelöscht, weswegen ich den Wortlaut ihrer Twitter-Tiraden hier auch nicht wiedergegeben habe. Doch ich hätte leicht darauf zugreifen können: in diversen Zeitungen findet man sie noch immer. Eine rühmliche Ausnahme bilden die deutsche und die englische Seite über Bynes auf Wikipedia, die die Krisen weitgehend sachlich thematisieren und auf das Zitieren der Tweets verzichten. Aber trotzdem: Spätestens ab 2014 hätte ich Amanda Bynes eine Bezugsperson in ihrem persönlichen Umfeld gewünscht, mit der abgesprochen war, dass er oder sie ab einem bestimmten Punkt schnell die Tweets der letzten Tage für sie löscht und das Passwort ändert. Sicher kann man nie alles einfangen und die Massenmedien sind oft schnell und hemmungslos. Aber durch solche Notfallpläne lässt sich Leid reduzieren.

Was natürlich nicht geht, ist, dass ein Psychiater so etwas für seine Patienten tut. Patienten in den sozialen Medien zu beobachten, selbst wenn diese dem zugestimmt haben, ist eine klare Grenzüberschreitung – in beide Richtungen. Eine therapeutische Beziehung braucht einen klaren Rahmen und Grenzen. Die Aktivität eines Patienten im Internet zu beobachten sprengt diesen Rahmen bei weitem. Die damit einhergehende potentiell ständige Anwesenheit eines Therapeuten im Leben des Patienten ist ein zu starker Übergriff ins Private. Etwas anderes ist es, wenn ein Therapeut darauf reagiert, dass er deutlich mehr E-Mails als sonst oder E-Mails mit auffälligem Inhalt bekommt oder wenn ihn von einem ansonsten zurückhaltenden Patienten auf einmal zahlreiche Einladungen zu Freundschaften in sozialen Netzwerken erreichen. Dann kann es sinnvoll sein, aktiv zu intervenieren, den Patienten zum Beispiel also von sich aus darauf anzusprechen. Was auch geht: Ein Patient, der das Gefühl hat, dass sich an seiner Stimmung oder seinem Verhalten etwas verändert habe, geht zusammen mit dem Therapeuten auf einem Tablet die Posts der letzten Tage durch und zieht sie als zusätzliches diagnostisches Mittel heran. Damit lässt sich ein Gefühl wie «Ich bin zur Zeit irgendwie streitsüchtiger, weiß aber nicht genau, warum» besser objektivieren und verstehen.

Ein mittlerweile schon alter Hut hingegen ist die Behandlung über das Internet, zum Beispiel via Skype oder FaceTime. Als alleinige Therapieform halte ich das für eine Notlösung für Menschen, die sonst nicht zu einem Therapeuten kommen können, weil sie zum Beispiel in einem entlegenen Dorf wohnen oder sich auf einer Raumstation befinden. Im Regelfall sollte es eher ein zusätzliches Mittel sein, um eine vorher begonnene Therapie, etwa während Auslandsaufenthalten, fortzusetzen oder im Notfall schnell Kontakt herzustellen.

Stephan H. kam damals mit einer beginnenden manischen Episode zu uns, die sich schnell und gut behandeln ließ. Als nur noch geringe Symptome vorhanden waren, verkündete er uns, dass er für mehrere Wochen nach Spanien reisen wolle, um endlich Spanisch zu lernen. Er sei vor vielen Jahren in Südamerika gewesen, habe dort jedoch kaum Spanisch gelernt, weil der Aufenthalt von einer manischen Episode unterbrochen worden sei und er zur Behandlung nach Deutschland zurückgemusst hätte. Die Reise nach Spanien nun habe er lange geplant und ihm sei das Projekt sehr wichtig. Er beschrieb einerseits, dass ein Absagen der Reise ihn unweigerlich in eine Depression treiben würde, da er sich sehr lange darauf gefreut habe und nicht zu fahren eine Riesenenttäuschung sei. Andererseits sei es fatal, wenn er führe und dann erneut aufgrund einer manischen Episode nach Deutschland zurückkehren müsse. Das werde seinen Mut zu reisen auf lange Sicht zerstören.

Wir entschieden uns deshalb zu einer ärztlich begleiteten Reise mithilfe von FaceTime. Wir machten im Vorfeld einen dezidierten Notfallplan für akute Krisen («Dann nehme ich sofort dieses Beruhigungsmittel, das ich immer in meiner Tasche bei mir trage, und schicke meinen Standort mit dem iPhone an jene Familienmitglieder, die mich zur nächsten Klinik lotsen oder den Krankenwagen rufen – die Nummern haben wir schon herausgesucht»). Aber das Ganze ging gut, H. lernte besser Spanisch und hatte ein tolles Erfolgserlebnis, weil seine Pläne aufgingen. Besonders interessant finde ich, dass die Möglichkeit, seiner Familie mittels Smartphone jederzeit mitzuteilen, wo exakt in der Welt man sich gerade befindet, einem Menschen Sicherheit geben kann. Gerade das ortlose Internet kann durch ein kurzes SOS mit GPS-Daten von einem Smartphone aus Menschenleben retten. In diese Richtung geht auch das nächste Experiment – probieren Sie doch mal, wie sich Ihre sozialen Beziehungen verändern, wenn Sie sich während der Nutzung des Internets im Beisein anderer besser verorten.

Experiment 11
Verortung in sozialen Beziehungen

Ich erinnere mich gut daran, dass ich früher Freunde zu Besuch hatte, die erst mal in einem meiner Bücher versunken sind, während ich gekocht habe. Wenn Freunde bei mir übernachtet haben, haben wir morgens manchmal stundenlang gemeinsam Kaffee getrunken und Papierzeitung gelesen, ohne miteinander zu sprechen – ein wunderbares Gefühl der Gemeinschaft, auch ohne Interaktion. Warum ist es für viele Menschen anders, wenn sie mit zwei Tablets nebeneinandersitzen und im Internet Zeitung lesen? Viele Menschen beschreiben, dass sie das traurig finden, weil sie es als Zeichen der Vereinsamung sehen. Ich glaube, das wäre ganz anders, wenn beide genau wüssten, dass der andere gerade Zeitung liest. Deshalb probieren Sie doch mal, was passiert, wenn die Ungewissheit, was der andere gerade macht, wegfällt.

Teilen Sie Menschen, mit denen Sie viel Zeit verbringen, eine Woche lang regelmäßig (nicht permanent, aber immer mal wieder) mit, was Sie gerade im Internet machen, wenn Sie es in deren Gegenwart nutzen. Ein Paar in meiner Praxis hat das ausprobiert: Eine Zeitlang haben sie den anderen stets darüber informiert, was sie gerade mit dem Gerät anstellen, das sie in der Hand haben. Ganz schnell stellte sich bei ihnen ein ähnliches Gefühl ein, als läsen sie morgens gemeinsam Zeitung. Die Frau des Paares war beispielsweise davon überrascht, dass er tagelang am Laptop sitzen kann, ohne im Internet zu sein. Wenn er programmiert, schaltet er das Internet oft ganz aus, um sich besser konzentrieren zu können. Sie sah ihn daraufhin, wenn er am Rechner saß, mit völlig anderen Augen: so ein fleißiger Ehemann. Vorher hatte sie das Gefühl, dass er lieber im Internet rumhängt, als sich Zeit für sie zu nehmen. Dass es um Arbeit ging, machte einen Unterschied.

Dabei hat sich gezeigt, dass es vor allem wichtig ist, ein Gefühl dafür zu haben, womit der andere gerade beschäftigt ist – egal ob das im Internet stattfindet oder außerhalb. Es spielte für beide keine so große Rolle, ob sie wichtige E-Mails tagsüber oder nachts beantworten, ob sie gerade Zeitung lesen oder Musikvideos schauen – wichtig war es, zu wissen, wie präsent der andere gerade ist, ob man sich ansprechen kann oder besser in Ruhe lassen sollte. Da es keine äußerlichen Indizien dafür gibt, ob der andere gerade entspannt einen Zeitungsartikel oder konzentriert eine wichtige E-Mail liest, muss man es mitgeteilt bekommen. Eine wichtige Intervention war deshalb, das iPad nur noch für angenehme Tätigkeiten zu nutzen, bei denen man unproblematisch unterbrochen werden kann, den Laptop hingegen für echte Arbeit. Aus dieser Erfahrung ist bei mir übrigens die Idee zu dem Selbstversuch entstanden, E-Mail-Accounts und Tätigkeiten bestimmten Geräten zuzuordnen.

Vielleicht haben Sie ja schon, ohne viel darüber nachzudenken, ähnliche Techniken entwickelt, die Sie noch weiter ausbauen könnten, wenn es Ihnen Spaß macht. Ich freue mich zum Beispiel immer darüber, wenn jemand eine E-Mail mit Gruß, Ort und Wetterangaben abschließt (z. B. «schöne Grüße aus dem sonnigen Neuwied»), und registriere, dass zunehmend mehr Menschen solche Grußformeln verwenden, weil es ihnen offenbar ähnlich geht. Während meiner Studienzeit habe ich ein Jahr in England verbracht und war frustriert über das feuchtwarme, gammelige kleine Studierstübchen, in dem ich wohnte. Ich «beschwerte» mich darüber via Skype bei meinem Bruder, der meinte, er lebe momentan unter ganz ähnlichen Bedingungen – in einer Lehmhütte im afrikanischen Urwald. Das war lustig und versöhnte mich etwas mit meinen Lebensbedingungen. Andererseits habe ich Freunde, mit denen ich die aufrichtigsten Gespräche meines Lebens per Skype-Chat geführt habe, ohne genau zu wissen, wo sie sich gerade befanden (was ich mit Skype heute aufgrund von Verletzungen meiner Privatsphäre durch den Anbieter nicht mehr tun würde). Wären wir beide körperlich am gleichen Ort gewesen, hätte mich die Intensität des Gesprächs damals wohl überfordert. Unter Umständen kann es übrigens richtiggehend aufregend sein, trotz räumlicher Nähe miteinander via Internet zu kommunizieren. Zum Beispiel wenn man als Paar einander zärtliche Nachrichten schickt, obwohl beide lediglich durch eine Zimmerwand (oder nicht einmal das) voneinander getrennt sind.

.

Was uns antreibt

Schon einige Male habe ich darauf hingewiesen, dass es uns womöglich schwerfällt, etwas an unserem engen Verhältnis zum Internet zu ändern, weil es viele unserer ursprünglichen Bedürfnisse sehr gut befriedigt. Viele der Experimente in diesem Buch verfolgten den Zweck, durch Ausprobieren zu erkennen, was man eigentlich tun will, und sich dann darauf zu konzentrieren, statt die ganze Zeit darüber nachzudenken, was man alles falsch macht und ändern *sollte*. Denn das raubt Energie und nimmt Ihnen den Antrieb, die Dinge zu tun, die Sie *wirklich tun wollen* im Leben. Aber was, wenn Sie das herausgefunden haben und sich trotzdem nicht aufraffen können? Und zwar nicht aufgrund einer Depression, die Sie an der Anwesenheit weiterer Symptome wie depressiver Stimmung, Interessenverlust, übermäßiger Erschöpfung oder leichter Erschöpfbarkeit erkennen würden, sondern einfach nur, weil Sie sich nicht überwinden können?

Sie können es mit Belohnung versuchen, aber das ist selten aussichtsreich. Wir sind eine belohnungsübersättigte Gesellschaft, in der Belohnungen schon sehr groß oder außergewöhnlich ausfallen müssen, um Menschen nachhaltig zu motivieren. Etwas besser, aber auch nicht unbegrenzt, wirkt Bestrafung. Nachdem ich angefangen hatte zu arbeiten, wurde Sport in meinem Leben zunächst immer seltener. Ich konnte mich kaum dazu aufraffen, zusätzlich zu der vielen Arbeit auf Station auch noch laufen zu gehen. Dazu kam, dass ich ständig müde war, zu wenig Pausen für Essen machte und immer öfter von den Schüsseln mit Süßigkeiten naschte, die in den Personalräumen von Krankenhäusern ständig überall herumstehen. Der Bauchansatz erhöhte den seelischen Leidensdruck, führte aber nicht zu einer Veränderung. Ich überließ deshalb einer Angehörigen, der ich zutraute, mich so sehr zu mögen, dass sie meiner Gesundheit zuliebe hart zu mir sein kann, eine Summe, deren Verlust mir deutlich wehtun würde, und bat sie, dass sie vier Wochen lang jede Woche, in der ich nicht dreimal laufen gehe, je ein Achtel davon an Hilfsorganisationen und an eine Partei überweist, die sich innerhalb des nichtradikalen Spektrums befindet, aber mir unsympathisch ist (denn es sollte ja ausreichend wehtun). Nach den vier Wochen war ich wieder so fit, dass ich seitdem regelmäßig laufen gehe. Mit dem Antrieb ist es nämlich so, dass er sich nach einer Weile selbst verstärkt, Sie kommen in einen aktiveren Modus, fühlen sich wohler und werden weiter aktiver.

Eine andere Möglichkeit ist die radikale Unterbrechung, zum Beispiel ein längerer Urlaub ohne Smartgerät, bei dem Sie sich aus allen Accounts aussperren, indem Sie Zufallspasswörter eingeben (siehe auch Experiment Nr. 2). Oder Sie melden das Internet zuhause für eine Weile ganz ab, so wie Gustav D. Viele meiner Patienten beschreiben, dass sie weniger von den Dingen tun, die sie *wirklich tun wollen*, weil sie sich nicht mehr langweilen! Vor der Zeit mit dem Internet war es oft so, dass man eine Weile herumhing und sich dann eine derartige Langeweile einstellte, dass man gar nicht umhinkam, etwas zu tun. Zum Beispiel in den Baumarkt zu fahren, Blumenerde zu kaufen und endlich die Blumen auf dem Balkon umzutopfen. Heute berichten mir viele, dass sie sich Dinge wie das Umtopfen für das Wochenende vornehmen, aber dann beide freie Tage im Internet verdaddeln.

Sie wissen, dass aus meiner Sicht nichts dagegen spricht, genau das zu tun, wenn Sie weiter in der Lage sind, ein zufriedenes und weitgehend selbstbestimmtes Leben zu führen. Vielleicht ist die Vorstellung, dass Blumen umtopfen am Samstag etwas Schönes oder Wichtiges ist, ja auch völlig nostalgisch – so wie die in den letzten Jahren aufgekommene Sehnsucht nach dem *einfachen und ursprünglichen Leben* auf dem Land. Die meisten Menschen mit dieser Sehnsucht ziehen dann trotzdem in die attraktiven Viertel von Großstädten. Und das ist auch gut so. Das Leben auf dem Land ist gar nicht besser und gesünder als das in der Stadt. Eine US-amerikanische Studie hat zum Beispiel gezeigt, dass Menschen in Innenstädten deshalb körperlich fitter sind, weil sie mehr Wege zu Fuß zurücklegen, während Menschen in ländlichen Regionen häufig mit dem Auto fahren müssen, zum Beispiel zum nächsten Supermarkt oder zum nächsten Arzt. Ich würde sogar so weit gehen zu prognostizieren, dass in ein paar Jahren, wenn wir uns an das Internet gewöhnt haben, bewusste, aktive

Nutzer ein gesünderes Leben führen als jene, die auf das Internet verzichten wollen. Wir werden eine Internetkultur entwickeln, die zu unseren Vorstellungen eines guten Lebens passt, wir werden Methoden für einen besseren Schutz der Privatsphäre entwickeln und wir werden ein besseres Gefühl dafür bekommen, was wir eigentlich tun wollen und was nur Störfeuer eines hysterisch-nostalgischen Teufelchens auf unserer Schulter sind. Mit dieser Einsicht schaffen wir den Übergang vom Antrieb auf der individuellen Ebene zum Antrieb auf gesellschaftlicher Ebene. Wie können wir als Gesellschaft neue Kulturformen und Normen entwickeln, mit denen wir das Internet unseren Vorstellungen entsprechend in unser Leben integrieren?

Der Psychologe und Glücksforscher Jonathan Haidt benennt als einen der wichtigsten Faktoren für Lebenszufriedenheit das Gefühl, Teil von etwas zu sein, das größer ist als man selbst, etwa von einer Gruppe, die einen tieferen Sinn verfolgt. Das kann eine religiöse Gemeinschaft oder eine politische Bewegung sein. Ist damit auch noch das Bemühen um ein authentischeres Verhältnis zu den Menschen in unserer Nähe und der uns umgebenden Welt verbunden, dann kann uns das zu einem Gefühl tiefer Befriedigung verhelfen. Der schon erwähnte Philosoph Hartmut Rosa hat dies in seinen Theorien zu Beschleunigung und Resonanz ausführlich beschrieben. Und da eine Gruppe sehr mitreißend sein und uns auf diese Weise Antrieb geben kann, möchte ich das letzte Experiment dazu nutzen, Ihnen diese Energie mitzugeben, bevor ich das Buch mit einer Zusammenfassung und einem Ausblick in die Zukunft abschließe.

Experiment 12
Werden Sie Teil einer Gruppe, die
das Internet der Zukunft gestaltet
(oder gründen Sie eine)

Ich hoffe, dass Sie beim Lesen dieses Buchs darüber nachdenken oder sogar ausprobieren konnten, wie Ihr Verhältnis zum Internet aussieht, was Ihnen daran gefällt und was Sie gern daran verändern würden. Wie Sie wissen, halte ich es für ausgesprochen schwierig, alleine etwas an seinem Alltagsverhalten zu verändern – ganz zu schweigen vom Verhalten im Internet. Wir brauchen stattdessen eine Kultur, die uns Struktur und Halt gibt, so wie wir sie außerhalb des Internets über Jahrtausende entwickelt haben. Im Experiment Nr. 3 («Kulturbotschafter» im Internet) sollten Sie ausprobieren, wie Sie Ihre Werte in das Internet übertragen können. Im jetzigen Experiment sollen Sie Teil einer Gruppe werden, die so etwas tut. Zum Beispiel des Chaos Computer Clubs, der sich für Privatsphäre und Datensicherheit im Internet einsetzt. Oder des Techniktagebuchs (*techniktagebuch.tumblr.com*), in dem sehr verschiedene Menschen gemeinsam über unseren Umgang mit neuen und alten Techniken schreiben. Agieren Sie gemeinsam mit Menschen, die Ihnen wichtig sind, und legen Sie Wert darauf, zu den Menschen, die Sie auf diese Weise kennen lernen, in einen authentischen und offenen Kontakt zu treten.

Nutzen Sie bei diesem Experiment weitere Hilfsmittel der Glückspsychologie als motivierende Elemente: Setzen Sie zum Beispiel Geld als Gestaltungsmittel ein, wenn Sie genug davon haben, um das zu tun. Geben Sie gezielt Geld für Projekte im Internet aus, die Ihren Überzeugungen entsprechen, zum Beispiel für ein kostenpflichtiges

E-Mail-Angebot, bei dem Ihre Daten nicht für Werbezwecke genutzt werden. Oder für Angebote, die auf Webservern mit grüner Energie laufen, wenn Ihnen das wichtig ist. Oder starten Sie selbst eine Initiative (aber Vorsicht, dafür brauchen Sie wahrscheinlich einen langen Atem, um nicht enttäuscht zu werden). Probieren Sie etwa zusammen mit Ihren Freunden und Familienmitgliedern ein neues, weniger kommerzielles soziales Netzwerk aus, es gibt da ja durchaus eine ganze Reihe an Angeboten. Oder verschlüsseln Sie Ihre E-Mails mit PGP, erklären Sie den Leuten, mit denen Sie sich gerne wichtige Nachrichten schreiben wollen, warum Sie das tun, und überreden Sie sie, dabei mitzumachen.

Und geben Sie dem Internet in Ihrer Familie einen Platz. Probieren Sie aus, in welchen Zusammenhängen das Internet welche Rolle spielt und wie es sich in verschiedenen Situationen auswirkt. Überlegen Sie, wie Sie das Internet in Ihren familiären Alltag integrieren, und schaffen Sie Rituale, mit denen Sie sich zusammen wohlfühlen. Wenn Sie sich einig sind, dass ein gemeinsames Essen ohne Smartgeräte am Tisch stattfinden sollte, dann halten Sie sich daran. Wenn Sie gerne alle zusammen stundenlang frühstücken und dabei auf ihren Smartgeräten Zeitung lesen oder Nachrichten schreiben, dann tun Sie das und fühlen Sie sich wohl damit – es gibt doch keinen Grund, ein Verhalten zu verteufeln, mit dem es allen gut geht.

Wichtig ist, dass Sie offen bleiben für Veränderungen und Herausforderungen. Denn neben der Tatsache, dass das Internet Konzernen dabei hilft, uns besser auszubeuten, und Regierungen, Geheimdienst und Kriminellen, uns besser zu überwachen, sehe ich seine Hauptgefahr als Technik darin, dass es dazu beiträgt, unsere *comfort zone*, also unsere Wohlfühlzone, in die wir uns zurückziehen, um Herausforderungen zu entgehen, stetig zu vergrößern, und wir für die Dinge, die wir eigentlich wirklich gerne tun würden, keine Energie mehr aufbringen. Wenn Sie aber in Ihren Umgang mit dem Internet Herausforderungen integrieren und neugierig und wach bleiben, dann sehe ich als Psychiater und Therapeut überhaupt keinen Anlass zur Sorge. Ganz im Gegenteil — die westliche Gesellschaft hat sich ja schon lange vor dem Aufkommen des Internets zunehmend in eine Richtung entwickelt, in der es uns schwerfällt, uns dafür zu entscheiden, was wirklich wichtig ist und wofür es sich zu kämpfen lohnt. Wenn die Dinge, die im Internet falschlaufen, uns nun aufrütteln, es besser zu machen, dann ist das doch ein wunderbarer Nebeneffekt einer grandiosen technischen Entwicklung.

7. Was wird aus uns werden?

Ich bin mir ziemlich sicher, dass wir das Negativextrem in Bezug auf unser Verhalten im Internet bereits hinter uns haben. Deutlich mehr Menschen machen sich heute aktiv Gedanken darüber, wie wir unsere Online-Kommunikation gestalten wollen, als noch vor ein paar Jahren. Und das liegt nicht nur daran, dass wir bewusstere Menschen geworden sind, sondern auch daran, dass mittlerweile viel mehr Menschen das Internet benutzen.

Am Ende dieses Buchs, bevor ich anfing, das letzte Kapitel zu schreiben, verreiste ich. Die Reise begann damit, dass wir meine Großmutter im Familienkreis in der Nordsee bestatteten, wie sie es sich gewünscht hatte. Sie wurde 96 Jahre alt und hat das Internet nie benutzt. Am Ende der Reise kamen wir bei einem großen Familientreffen an, auf dem Zweijährige schon völlig selbstverständlich mit den Smartphones ihrer Eltern spielten. Dazwischen übernachteten wir in der Jugendherberge in Münster. Es waren gerade die ersten warmen Tage und ich saß nachmittags mit einem Kaffee am Tisch mit Blick auf den Aasee, als sich hinter mir ein Anfang Zwanzigjähriger mit seinem Smartphone beschäftigte. Erst dachte ich, er höre laut seine Mailbox ab, aber dann wurde mit klar, dass er eine Funktion von WhatsApp benutzte, mithilfe derer man Sprachnachrichten aufnehmen und sich gegenseitig zuschicken kann.

Ich sprach den jungen Mann, nennen wir ihn Gunnar, an und fragte ihn nach seiner Meinung dazu. Kurz darauf trat seine Freundin Anne hinzu und schaltete sich in das Gespräch ein. Gunnar war eher genervt von der Sprachoption und meinte, dass er sich das meistens nicht alles anhöre. Anne hingegen war begeistert davon, sie nutzt es, um mit Freundinnen und Freunden, die zum Studieren in andere Städte gezogen sind, im Kontakt zu bleiben. Sie sprechen sich abends gegenseitig Nachrichten auf und können mit der Mischung aus synchroner und asynchroner Kommunikation (also mal direkt, mal mit zwischengeschalteter Zeitverzögerung) gut umgehen. Sie sind dadurch weniger gestresst als die meisten meiner Generation, die noch damit aufgewachsen ist, entweder Briefe zu schreiben und auf eine Antwort zu warten oder zu telefonieren.

Beide waren überrascht, als ich ihnen erzählte, dass einige Facebook-Kritiker der Meinung sind, dass Facebook den Dienst WhatsApp vor allem deshalb gekauft hat, weil sie so an die Handynummern der Nutzer und ihrer Bekannten gelangen. Die Handynummern sind für einige weitgehend anonym bleibende Big-Data-Konzerne, die unsere Daten von verschiedenen Firmen sammeln, zusammenführen und weiterverkaufen, offenbar eine sehr wichtige Information, weil sie sich als eine Art personenspezifische internationale Identifikationsnummer verwenden lassen, die wir nahezu überall angeben und nutzen.

Indem Facebook mithilfe von WhatsApp in den Besitz der Handynummern gelangt, kann es seine Unmengen von gesammelten Daten nach Aussage seiner Kritiker viel besser ausschlachten. Beide fanden das unredlich und hatten auch schon von solchen Praktiken gehört. Sie räumten aber offen ein, dass sie nicht zu einem anderen Anbieter wechseln würden, weil sie keine ausreichend einfachen Alternativen mit ähnlichem Funktionsumfang kennen oder weil die meisten ihrer Freunde diese Alternativen nicht nutzen. Die beiden rührten mich, denn ich merkte, wie sie das Thema fesselte und wie gerne sie etwas verändern wollten, wie ihnen aber noch der Punkt fehlte, an dem sie ansetzen konnten.

Ein Psychiater, der seinen Patienten die Welt erklärt, handelt in meinen Augen falsch und unredlich. Aufgrund ihrer Kompetenzen können Psychiater aber trotzdem dabei helfen, einen eigenen Ansatzpunkt für einen besseren Umgang mit dem Internet zu finden. Ein guter Therapeut gibt die Antworten dabei nicht vor, sondern hilft vor allem, selbst herauszufinden, welche Bedeutung Dinge wie das Internet im Leben haben, und entsprechend dieser Einsicht zu handeln. Dabei ist mir sehr wichtig, noch einmal zu betonen, dass wir meiner Erfahrung nach zu oft das Gefühl haben, für Dinge Verantwortung übernehmen zu müssen, die wir gar nicht allein beeinflussen können. Das betrifft im Fall des Internets zum Beispiel den Schutz unserer Privatsphäre, der immer auch von den Menschen abhängig ist, mit denen wir kommunizieren. Ein Teil der

Experimente dieses Buchs richtete deshalb den Fokus darauf, gemeinsam etwas zu verändern und als Gruppe neue Alltagsrituale zu entwickeln – etwa mit der Familie.

Für solche Verhaltensänderungen müssen Sie in der westlichen Welt zum Glück meistens nicht Ihr Leben riskieren. Es reicht schon, wenn Sie im Internet mit den Menschen befreundet sind, mit denen Sie auch gerne befreundet sein wollen. Wenn Sie die Grenzen zur Arbeit dort ziehen, wo es Ihnen guttut. Wenn Sie sich dafür einsetzen, dass es an Ihrem Arbeitsplatz klare Regeln für den Umgang mit dem Internet gibt. Wenn Sie im Internet auf den Umgangsformen bestehen, die Ihnen wichtig sind. Und wenn Sie Ihre Macht als Konsument nutzen, indem Sie auf Angebote zurückgreifen, die Sie vertrauenswürdig finden, und diejenigen kündigen, die Sie in dieser Hinsicht enttäuschen.

Und hier möchte ich nochmal zu den jüngeren Menschen wie Gunnar und Anne zurückkehren und auf die Frage eingehen, welchen Ansatzpunkt man ihnen bieten kann: Sie sind erwachsen und vorschreiben kann man ihnen nichts mehr. Dafür sind sie auch zu klug und zu selbstbewusst. Kein noch so kluger «Experte» kann ihnen erklären, was für sie persönlich im Umgang mit einer so tiefgreifenden technischen Entwicklung wie dem Internet richtig oder falsch ist. Aber man könnte ihnen einen ganz allgemeinen Vorschlag machen: Vielleicht müssen sie ihr Leben im Internet einfach ernster nehmen und sich dort häufiger so verhalten, wie sie es auch außerhalb des Internets tun würden, wo sie das Gefühl haben, «normaler» oder «natürlicher» zu sein. Das wird zunächst einmal sie selbst zufriedener machen, und sobald andere das spüren, werden sie bereit sein, ihnen darin zu folgen. Vielleicht sind Anne und Gunnar viel schneller Teil einer kritischen Masse, als sie erwartet hätten. Viele Menschen sind davon überrascht, dass der seltene Name, den sie für ihr Kind ausgesucht haben, auf einmal zu den beliebtesten Namen seines Jahrgangs gehört, weil auf unerklärliche Weise ganz viele andere gleichzeitig auch genau diesen seltenen Namen so toll fanden.

Aber zurück zu Ihnen: Vielleicht ändern Sie Ihr Leben noch nicht heute. Aber wenn Sie dieses Buch gelesen haben und ich mich nicht ganz grob in Ihnen täusche, dann werden diese Fragen Sie weiter beschäftigen. Und irgendwann kommt die Veränderung ganz von alleine. Die Buddhisten würden sagen, dass es kein Zurück gibt, wenn der Zweifel einmal erwacht ist. Und der Existenzphilosoph Søren Kierkegaard würde hinzufügen, dass es kein Zurück gibt in das Paradies der unbekümmerten Unwissenheit, wenn man es einmal verlassen hat. Menschen, die eine psychotherapeutische Behandlung durchlaufen haben, verbindet oft das Gefühl, ihre eigenen Bedürfnisse nun besser zu kennen und das Leben – wenn auch nur in geringem Umfang – diesen Bedürfnissen entsprechend etwas besser gestalten zu können. Mit dem Erwachen des Zweifels haben Sie diesen Weg bereits unwiederbringlich eingeschlagen und mit dem Erreichen des Endes dieses Buchs wissen Sie hoffentlich auch etwas genauer, worin Ihre Bedürfnisse bestehen. Das Handeln kann Ihnen niemand abnehmen, aber erfahrungsgemäß ist es die Konsequenz der bisherigen Schritte. Kierkegaard schreibt diesbezüglich weiter, dass wir dadurch zu bewussten und erwachsenen Menschen werden, dass wir uns für etwas entscheiden (sein Hauptwerk heißt nicht umsonst *Entweder – Oder*). Wofür genau, steht dabei nicht im Vordergrund, sondern *dass wir uns bewusst für etwas entscheiden*. Angst spielt in diesem Zusammenhang eine wichtige Rolle: Sie entsteht durch die Erkenntnis, dass es in der Welt kein sicheres Wissen und keine endgültigen Antworten gibt, und treibt uns an, eigene Lösungen zu finden. Insofern hat die digitale Paranoia, die wir gerade erleben, eine wichtige Funktion bei der Klärung unseres Umgangs mit dem Internet.

Es ist meine tiefe Überzeugung, dass wir nur durch Aufklärung und Selbsterkenntnis zu besseren Menschen und damit auch zu einer besseren Gesellschaft werden können. Sie haben dieses Buch vielleicht mit der Sorge gekauft, was das Internet mit Ihnen macht und wie es Sie als Mensch verändert. Und ich entlasse Sie nun in der Hoffnung, dass Sie das Buch genutzt haben, selber herauszufinden, wer Sie als Mensch eigentlich sein wollen und welche Rolle das Internet dabei als Ressource spielt.

Zitierte Texte, Videos und wissenschaftliche Literatur

Kapitel 1

Thema Eintauchtiefe – Menschen, die zum ersten Mal VR-Pornos anschauen:
https://www.youtube.com/watch?v=hLqVxC6JWIM

Eine Übersicht zu meinen früheren Arbeiten über Anpassungsverhalten in Reaktion auf Jahreszeiten:
Kalbitzer, J., Kalbitzer, U., Knudsen, G. M., Cumming, P., & Heinz, A. (2013). How the cerebral serotonin homeostasis predicts environmental changes: a model to explain seasonal changes of brain 5-HTT as intermediate phenotype of the 5-HTTLPR. Psychopharmacology (Berl), 230(3), 333–343.

Unsere Fallstudie zum Thema «Twitter Psychosis»:
Kalbitzer, J., Mell, T., Bermpohl, F., Rapp, M. A., & Heinz, A. (2014). Twitter psychosis: a rare variation or a distinct syndrome? J Nerv Ment Dis, 202(8), 623.

Der Blog-Eintrag des Neurocritic zu unserer Fallstudie:
The Neurocritic (2014). Twitter Psychosis as a Cultural Artifact. http://neurocritic.blogspot.com/2014/07/twitter-psychosis-as-cultural-artifact.html

Der Blog-Eintrag, in dem der Neurocritic mich interviewt:
The Neurocritic (2014). Interview with Dr. Jan Kalbitzer, author of the «Twitter Psychosis» article. http://neurocritic.blogspot.com/2014/08/interview-with-dr-jan-kalbitzer-author.html

Kapitel 2

Versuch der Firma F-Secure mit Londoner Hotspots, bei denen es zu den AGBs gehörte, dem Anbieter sein erstgeborenes Kind zu überlassen:
http://www.faz.net/aktuell/wirtschaft/fruehaufsteher/firma-verlangt-erstgeborenes-fuer-hotspot-nutzung-13381116.html

Zum inneren versus externen «Locus of control»:
Rotter, J. B. (1966). Generalized expectancies for internal versus external control of reinforcement. Psychological monographs: General and applied, 80(1), 1.

Chak, K., & Leung, L. (2004). Shyness and locus of control as predictors of internet addiction and internet use. Cyberpsychol Behav, 7(5), 559–570.

Mischels Experimente zum «Belohnungsaufschub»:
Mischel, W., Ebbesen, E. B., & Zeiss, A. R. (1972). Cognitive and attentional mechanisms in delay of gratification. J Pers Soc Psychol, 21(2), 204–218.

Mischel, W., Shoda, Y., & Rodriguez, M. I. (1989). Delay of gratification in children. Science, 244(4907), 933–938.

Kapitel 3

Zur Anekdote, die Supermarktkette Target habe von der Schwangerschaft einer Teenagerin vor dem Vater gewusst:
http://www.nytimes.com/2012/02/19/magazine/shopping-habits.html

Zum Einsatz von Big Data in Barack Obamas Wahlkampf 2012:
https://www.technologyreview.com/s/509026/how-obamas-team-used-big-data-to-rally-voters/

Psychologische Tricks, mit denen Apps Nutzer anlocken und binden:
Nir Eyal (2014). Hooked: How to Build Habit-Forming Products. Portfolio.

Kapitel 4

Zu fluider und kristalliner Intelligenz:
Cattell, R. B. (1963). Theory of fluid and crystallized intelligence: A critical experiment. Journal of Educational Psychology, 54, 1–22.

Zum Flow-Erleben:
Csikszentmihalyi, M. (2015). Flow: Das Geheimnis des Glücks. Klett-Cotta.

Csikszentmihalyi, M. (2010). Das *flow*-Erlebnis. Jenseits von Angst und Langeweile: im Tun aufgehen. Klett-Cotta.

Hartmut Rosa u. a. zum veränderten Zeitempfinden im Internet:
Hartmut Rosa (2013). Beschleunigung und Entfremdung – Entwurf einer kritischen Theorie spätmoderner Zeitlichkeit. Suhrkamp.

Webseite von Kathrin Passig:
http://kathrin.passig.de

Kapitel 5

Angela Merkel fühlt sich im Internet verfolgt:
http://www.spiegel.de/politik/deutschland/angela-merkel-auf-
der-cnight-kritik-an-internet-werbung-a-1001259.html

Zu den Praktiken von Adblock Plus:
http://www.businessinsider.com/google-microsoft-amazon-
taboola-pay-adblock-plus-to-stop-blocking-their-ads-2015-2

**Studie von Elizabeth Stoycheff zur Auswirkung von Über-
wachung und zur Freiheit der Meinungsäußerung:**
Stoycheff, E. (2016). Under Surveillance: Examining Facebook's
Spiral of Silence Effects in the Wake of NSA Internet Monitoring.
Journalism & Mass Communication Quarterly, 93 (2), 296–311.

**Mark Deuze dazu, dass die Welt im Internet wie eine
inszenierte Realität erscheinen kann:**
Deuze, M. (2012). Media life. Polity.

**Vortrag von Bernhard Pörksen auf der re:publica 2015 zur
«fünften Gewalt»:**
https://re-publica.de/session/fuenfte-gewalt-macht-vernetzten-
vielen

Studie über die Vorteile der Vernetzung für Minderheiten:
Chong, E. S., Zhang, Y., Mak, W. W., & Pang, I. H. (2015). Social
media as social capital of LGB individuals in Hong Kong:
its relations with group membership, stigma, and mental
well-being. Am J Community Psychol, 55(1–2), 228–238.

**Kathrin Passig darüber, dass wir im Internet plötzlich die
Überraschung erleben, dass Menschen, die uns nahe sind,
Dinge denken und schreiben, die wir nicht erwartet hätten:**
Kathrin Passig (2013). Die Wir-Verwirrung: Kontextfusion und
Konsensillusion. Merkur, 773, 1016–1023.

Kapitel 6

Auswahl einiger Studien dazu, ob das Internet depressiv macht:

Kraut, R., Patterson, M., Lundmark, V., Kiesler, S., Mukopadhyay, T., & Scherlis, W. (1998). Internet paradox. A social technology that reduces social involvement and psychological well-being? Am Psychol, 53(9), 1017–1031.

Kraut, R., Kiesler, S., Boneva, B., Cummings, J., Helgeson, V., & Crawford, A. (2002). Internet Paradox Revisited. Journal of Social Issues, 58(1), 49–74.

Huang, C. (2010). Internet use and psychological well-being: a meta-analysis. Cyberpsychol Behav Soc Netw, 13(3), 241–249.

Romer, D., Bagdasarov, Z., & More, E. (2013). Older versus newer media and the well-being of United States youth: results from a national longitudinal panel. J Adolesc Health, 52(5), 613–619.

Appel, M., & Schreiner, C. (2014). Digitale Demenz? Mythen und wissenschaftliche Befundlage zur Auswirkung von Internetnutzung. Psychologische Rundschau, 65, 1–10.

Block, M., Stern, D. B., Raman, K., Lee, S., Carey, J., Humphreys, A. A., … Breiter, H. C. (2014). The relationship between self-report of depression and media usage. Front Hum Neurosci, 8, 712.

Cotten, S. R., Ford, G., Ford, S., & Hale, T. M. (2014). Internet use and depression among retired older adults in the United States: a longitudinal analysis. J Gerontol B Psychol Sci Soc Sci, 69(5), 763–771.

Cohen, R., & Blaszczynski, A. (2015). Comparative effects of Facebook and conventional media on body image dissatisfaction. J Eat Disord, 3, 23.

Lup, K., Trub, L., & Rosenthal, L. (2015). Instagram #instasad?: exploring associations among instagram use, depressive symptoms, negative social comparison, and strangers followed. Cyberpsychol Behav Soc Netw, 18(5), 247–252.

Nesi, J., & Prinstein, M. J. (2015). Using Social Media for Social Comparison and Feedback-Seeking: Gender and Popularity Moderate Associations with Depressive Symptoms. J Abnorm Child Psychol, 43(8), 1427–1438.

Jonathan Haidt über wichtige Faktoren für die Lebenszufriedenheit:
Haidt, J. (2006). The Happiness Hypothesis. Basic Books.

Hartmut Rosa über eine authentische Verbindung mit der Welt durch «Resonanz»:
Hartmut Rosa (2016). Resonanz: Eine Soziologie der Weltbeziehung. Suhrkamp.

Kapitel 7

Mikko Hypponen auf der re:publica 2015 zu den Versuchen seiner Firma mit den Londoner Hotspots und warum Facebook den Nachrichtendienst WhatsApp gekauft hat:
https://www.youtube.com/watch?v=pbFosVdOjRw

Zitierte Werke von Søren Kierkegaard:
Entweder – Oder I/II (1843)
Der Begriff Angst (1844)